FORMATION OF ADJUDICATION

Legal Science as Knowledge, Methodology and Value, and Its Application

裁判的形成

——作为知识、方法、价值的法律科学与应用

曹士兵——著

法律出版社
LAW PRESS·CHINA
北京

图书在版编目（CIP）数据

裁判的形成：作为知识、方法、价值的法律科学与应用 / 曹士兵著. -- 北京：法律出版社, 2024.
ISBN 978-7-5197-9624-2

Ⅰ. D915.180.4

中国国家版本馆CIP数据核字第2024D9A082号

裁判的形成
——作为知识、方法、价值的法律科学与应用
CAIPAN DE XINGCHENG
—ZUOWEI ZHISHI, FANGFA, JIAZHI DE FALÜ KEXUE YU YINGYONG

曹士兵 著

策划编辑 朱 峰
责任编辑 马秋婧
装帧设计 贾丹丹

出版发行 法律出版社
编辑统筹 辞书·融出版编辑部
责任校对 李慧艳
责任印制 吕亚莉
经　　销 新华书店

开本 850毫米×1168毫米 1/32
印张 6　**字数** 110千
版本 2024年11月第1版
印次 2024年11月第1次印刷
印刷 北京盛通印刷股份有限公司

地址：北京市丰台区莲花池西里7号（100073）
网址：www.lawpress.com.cn
投稿邮箱：info@lawpress.com.cn
举报盗版邮箱：jbwq@lawpress.com.cn

销售电话：010-83938349
客服电话：010-83938350
咨询电话：010-63939796

书号：ISBN 978-7-5197-9624-2
定价：60.00元

凡购买本社图书，如有印装错误，我社负责退换。电话：010-83938349

曹士兵

浙江大学法学院教授，浙江大学国家制度研究院副院长。1995年至2020年任最高人民法院法官，其间，2009年至2018年专任法官培训。

导　语

“对知识传授者心存感激；为服务对象谋利益，做自己有能力做的事；绝不利用职业便利做缺德乃至违法的事情；严格保守秘密，即尊重个人隐私、谨护商业秘密。”

——希波克拉底誓言

“凡大医治病，必当安神定志，无欲无求，先发大慈恻隐之心，誓愿普救含灵之苦。若有疾厄来求救者，不得问其贵贱贫富，长幼妍蚩，怨亲善友，华夷愚智，普同一等，皆如至亲之想。亦不得瞻前顾后，自虑吉凶，护惜身命。见彼苦恼，若已有之……如此可为苍生大医……”

——孙思邈《千金方》

一

与医学一样古老，一样心怀苍生的法学，却未能像医学一样获得毋庸置疑的科学对待，法学的科学性问题至今还在不断被追问。

人类历史上最早建立的意大利博洛尼亚大学（1088年）开设法学教育，法学与神学、医学比肩而立。法律成为专门的职业则更早，可以追溯到公元前3世纪的古罗马时代。作为一门以化解纠纷、维护秩序、恢复正义为志业的专门性职业，法律职业者的专业能力与职业操守是必不可少的，而且其标准无疑应当高于许多其他职业，因此有学者（如奥地利法社会学家欧根·埃利希）将法律职业者与医生等同①。

从相似之处看，医生是以“医者父母心”和“回春妙手”悬壶济世的人，法律职业者则是“把手指放在善恶交界之处，可以碰触上帝袍服的人”（纪伯伦语），对生命健康与善恶的判断都是人伦大事，医生和法律职业者以凡人之识见，替他人判断，代行的是“上帝权柄”，因此两者在专业能力和职业操守上理应卓尔不群。但医生和法律职业者旨趣相异之处也很明显，比如，医生的专业能力和职业操守源自医学科学学习与临床训练，医学生物学早已在19世纪末入列诺贝尔科学奖，成为无可争议的科学；法官的专业能力并非全部源自法学，裁判的依据部分源自制定法，部分源自经验，法官职业操守的源头是谆谆教诲还是职业规范，尚未定谳，法学是不是科学的质疑一直存在，到今天依然如故②。

---

① ［奥］欧根·埃利希：《法社会学原理》，舒国滢译，中国大百科全书出版社2009年版，第1页。

② 对法学的科学性疑问由来已久，并且多数挑战来自法学门内。舒国滢：《法学的知识谱系》，商务印书馆2021年版，第729–744页。

二

对法学科学性的疑问和挑战来自法学界本身，局外人除了关心司法公正外，不会深刻触及这个议题，因此，法学界本身有义务回答法学的科学性问题。

欧洲法学家从13世纪中后期就开始探讨法学的科学性问题，并一直延续到近代，“甚至在19世纪和20世纪，在法学家内部以及法学之外，相关的讨论仍未停止”①。英美法系视法律为经验，也并不在意法学是不是科学，②因为“这样的实践与态度不可能产出理性法律制度，甚至不可能出现法律本身的理性化”③，以至于霍尔斯伯里勋爵感慨：“我不确定是幸运还是不幸，我们的法律不是一门科学”④。在中国法律界还有另一“值得深思的现象”需要寻找“科学”答案，即“一个新毕业的法律博士并不一定比长期从事审判工作的复转军人更能审案，更能把案件审理好”⑤。

法学早已入列社会科学，但社会科学是不是科学一直争

---

① 舒国滢：《法学的知识谱系》，商务印书馆2021年版，第562–567页。

② 舒国滢：《法学的知识谱系》，商务印书馆2021年版，第44–61页。

③ ［德］马克斯·韦伯：《经济与社会》（第2卷·上册），阎克文译，上海人民出版社2020年版，第115页。

④ 霍尔斯伯里勋爵在奎因诉利瑟姆案的裁判中的阐述，转引自［美］本杰明·卡多佐：《司法过程的本质》，王绍喜译，中国民主法制出版社2023年版，第16页。

⑤ 吕忠梅总主编：《法官审判技能培训丛书》，法律出版社2005年版，总序第3页。

论不休，即便已经跻身诺贝尔奖的经济学也一样被认为不是“原装”奖项，只不过是瑞典中央银行奖，是新自由主义经济学为了争夺“山头”和话语权与瑞典中央银行“共谋”的产物①。即便社会科学属于科学，《中国社会科学离科学还有多远？》中提出的中国社会科学“不科学”的疑问，同样存在于法学之中，法学研究中也存在“模型、数据、逻辑、因果关系、样本的代表性、结论的稳定性等不科学的问题”②。

近年来，国内一些法学者也在努力探索和解决法学的科学性问题，基本路径是采取从理论上、逻辑上进行论证，以及引入国外译著加以佐证的研究思路；③也有直接将法学与科学画等号的，比如全国高等学校法学专业核心课程教材《法理学》，将“法学”对应为英文“legal science”，认为“法学是以法为研究对象的各种科学活动及其认识成果的总称。作为一门系统科学……要把法学作为一门体系化的学科来界定其研

---

① 许准：《社科城头大王旗——从经济学何以拥有诺贝尔奖说起》，载《读书》2022年第11期。

② 乔晓春：《中国社会科学离科学还有多远？》，北京大学出版社2017年版，第173–191页。

③ 舒国滢：《法学是一门什么样的学问》，载《清华法学》2013年第1期；郑戈：《法学是一门社会科学吗？》，载《北大法律评论》（第1卷·第1辑），法律出版社1998年版，第21页；舒国滢：《法学的知识谱系》，商务印书馆2021年版，第729–744页；赵静：《法学的科学性问题研究》，载《北方法学》2022年第6期；［德］N.霍恩：《法律科学与法哲学导论》，罗莉译，法律出版社2005年版，第33–41页；［德］赫尔曼·康特洛维茨：《为法律科学而斗争：法理论论文选》，雷磊、姚远译，商务印书馆2022年版；［法］弗朗索瓦·惹尼等：《法律方法的科学》，雷磊等译，商务印书馆2022年版。

究对象”[①]。该教科书并未花费笔墨讨论或者论证“法学的科学性”问题。这种处理方法似乎国外也有，比如《为法律科学而斗争》《法律方法的科学》等著述，也未专设篇章探讨法学的科学性问题，也许，该问题对于著述者来说毋庸置疑，无须讨论。

三

形式主义理性的法学知识体系的形成，标志着法律科学的诞生。法律科学不仅具备了科学的形式、内容、方法和研究范式，而且具备了科学的确定性与可检验性。

“法律科学既是在罗马社会诞生，也是在罗马社会发达。”[②]公元前1世纪到公元3世纪古典法学时期，罗马法学家致力于日常法律实践，开始对错综复杂的决疑法体系进行系统化和类型化工作，到19世纪中后期，法律科学发展出“形式主义理性化的法学知识体系”。法学从决疑术到形成法律科学的漫长进程中，法学家们坚持“科学法”的道路，按照“法学分析”“逻辑集中”“体系建构”[③]对法条、法思想进行“理性加工”。希腊的“承载着指引和规范功能的抽象法律概念”和

① 张文显主编：《法理学》(第5版)，高等教育出版社、北京大学出版社2018年版，第5-14页。

② [意]洛伦佐·伽利雅迪：《法律科学的诞生》，赵毅译，载《求是学刊》2016年第3期。

③ 舒国滢：《法学的知识谱系》，商务印书馆2021年版，第931-932页。

“柏拉图–亚里士多德类型化哲学”采用的“类型化技术”提供了主要的“加工”工具，罗马法学家对罗马法“错综复杂的决疑法体系进行的系统化与类型化工作”[①]奠定了法律科学系统化的基石。

形式主义理性的法律科学具备系统的法学知识、法学方法、法学价值体系等科学内容，这些内容统一于法律理性，呈现理性的、形式的和体系的科学特征。法律评价的成熟与完善为法律科学发挥科学功用提供了科学范式，让法律理性在法律实施中检验，让法律科学走向实践。法律科学的形成、发展和成熟，为科学立法提供了样本，为法律实施提供了准据，法学教育持续繁荣，大部分国家的法律在稳定与安定中实现了与时俱进，法律人历史性地成为科学工作者。

四

裁判的形成是法律科学的实践，法律科学分为理论法学和应用法学，两者在法律科学的实践中不分彼此，共同形成裁判。

裁判活动是运用法律理性进行法律评价的活动，理论法学为法律理性创制了类型与框架，区分了逻辑与经验，总结了价值体系，建立了应用范式等；应用法学形成了法律理性的条

① ［意］洛伦佐·伽利雅迪：《法律科学的诞生》，赵毅译，载《求是学刊》2016年第3期。

文化的内容、体系化的法学方法、可操作的价值评价程序等。理论法学与应用法学的共同实践，形成裁判。

法律理性是法律科学的“科学技术”，是逻辑与经验的结合，如同科学真理引领实践一样，法律理性引导裁判的形成，是裁判确定性的来源。法律科学的实践是一系列法律科学技术的“应用”，应用严格的程序法、证据法技术确定法律真实，应用找法、释法技术确定法律真意，应用三段式的逻辑技术确定裁判结论，逻辑方法、经验方法、价值方法在裁判形成的过程中均遵守成熟的技术守则。法律评价是法律科学的“科学功用”，其中的裁判活动还具有法律科学的“科学实验”性质。法律评价的实践性，可以有效克服理性的自负，防止理性的失灵，确保法律科学在追求良法善治的轨道上不断丰富和发展。法律评价实现了法律科学的可检验性。

应用法学的实践导出裁判结果，理论法学的实践导出裁判正义，理论法学先回答何为真相，何为公正，裁判正义才能在法律的应用中闪亮登场。

五

裁判的形成是法律职业伦理的实践，是法官遵循法律科学并形成法律职业德行的过程。

因为遵循法律科学，裁判才具备了确定性与可检验性，也因为遵循法律科学，法官才养成了法律科学的职业德行，具有了法律科学家的气质。“奉法者强则国强”，奉法者的伦理操守主要通过后天法律职业伦理训练来养成，法律科学的知识、方法和价值是养成法律职业者伦理操守的基本遵循和源头活水，如同“赋予科学以特殊精神气质的并非从业者的道德品质，而是科学的制度惯例，体现在被认定为独特的科学方法中”[①]一样，约束着法律职业者操守德行的，与其说是“从业者的道德品质”，不如说是法律科学。

法律理性的知识、方法、价值是法律实施的第一依据，无论执法、司法都必须体现法律理性，未经法律理性审视的法律实施本质上不具有合法性。因此，以法律科学约束法律职业者的奉法行为，其科学伦理的约束力远远强过简单的道德说教。对受过法律理性专门训练的法律职业者来说，故意违背法律理性，公然作出违背法律理性的裁判，无论其怎样操弄权柄，也必定寝食难安。

六

法学不能淡化科学性，裁判不能淡化理性，法律科学是裁判正义的唯一来源。

法学古老而复杂，法律科学理性而人文，未经专业训练仅凭经验，只靠逻辑推论拒绝价值检验，都不能获得合法、妥当

① ［意］洛伦佐·伽利雅迪：《法律科学的诞生》，赵毅译，载《求是学刊》2016年第3期。

的裁判正义，因此，“复转军人更能审案、更能把案件审理好”的经验主义不敷使用，机械执法、机械司法不能定分止争。践行法律科学，在法律评价中充分运用法律理性是获取裁判正义的唯一途径。

遵循法律科学开展裁判活动，法官是有福的。条文化的法学知识、体系化的法学方法，可以让法官在多数情况下仅凭逻辑演绎即可获得裁判的价值标准，便捷作出裁决。与此同时，作为社会科学的一员，法律科学拥有独具一格的、标准的数据库，如裁判文书网，集中了法官同行的裁判经验，经验与法条相结合，可以让法官获取裁判正义事半功倍。制定法日益理性，裁判经验日益丰富，制定法配合案例库为法官敲下法槌准备了充足的裁判资源。法官需要做的，是拥有扎实的法学知识，掌握穷尽制定法的方法，向法律负责；是拥有广博的胸怀，具备谦抑的态度，向同行学习。

如此，裁判正义可期。

目　录

第一章　求真、向善的现代科学

现代科学与法律科学，两者有着相似的历史发展过程，而且，现代科学发展形成的内容、方法和价值体系，与法律科学也有着惊人的相似性和可比度，认识现代科学是认识法律科学的前提和基础。同样，现代科学的定位与发展也对法律科学的当下与未来产生深刻影响。

一、科学，从知识、习性到自然科学

对科学（science）的认识是历史性的，必须在历史中加以把握。拉丁词“*scientia*”指分类的、系统的知识，亚里士多德《后分析篇》认为“通过逻辑证明过程获得的知识”就被认为是科学的。英文词“science”，也与拉丁词具有相似的含义。中世纪对知识的经典划分是七种“自由技艺”（liberal arts)——语法、逻辑、修辞、算术、天文、音乐、几何。在西方12、13世纪恢复古希腊智慧的伟大革命中起了关键作用的托马斯·阿奎那指出,“七种技艺”外还应该包括亚里士多德所说的“自然哲学、数学和神学等学科”,并且“也应冠以‘科学’的标签”。牛津大学教务长罗伯特·基尔沃克进一步扩展“科学”标签,确认了四十种不同的“科学”。[①]这个时期的“科学”,指的是人类创造与获得的所有知识,而且这些知识还是人的“习性”,是“通过证明而获得的一种认知习性”,是人朝着知识运动的自然倾向,即亚里士多德在《形而上学》开篇所说的:“求知是所有人的天性。”[②]阿奎那在《神学大全》中进一步认为“科学”是一种“心灵习性”或者“理智德性”,与宗教具有相似之处。阿奎那“把宗教和科学看成信念和实践的系统”[③],这提示了我们关于“科学”的认识所具有的神学渊源。科学的历史发展到这里,科学既是知识,又是习性,还是神谕。艾萨克·牛顿在《自然哲学的数学原理》中明确指出:“关于神的话语‘肯定是自然哲学的一部分’。”[④]

---

① [澳]彼得·哈里森:《科学与宗教的领地》,张卜天译,商务印书馆2016年版,第19–23页。

② [澳]彼得·哈里森:《科学与宗教的领地》,张卜天译,商务印书馆2016年版,第18–20页。

③ [澳]彼得·哈里森:《科学与宗教的领地》,张卜天译,商务印书馆2016年版,第17页。

④ [澳]彼得·哈里森:《科学与宗教的领地》,张卜天译,商务印书馆2016年版,第170页。

近代科学起源于16—18世纪初的科学革命，哥白尼“日心说”的确立常被用来标志这一历史进程。[①]哥白尼革命导致科学的转型，使古希腊理性科学转变为近代科学，实现了研究范式的转换：一是研究目的不再是描述，而是进一步要求因果解释；二是研究方法不再是对现象的归纳和整理，而是在理性的指导下寻求对假说的验证；三是形成了科学研究的共同体，遵循同一研究范式。[②]哥白尼革命之后，经过第谷、开普勒、伽利略等人的工作，牛顿革命随之到来，牛顿革命“不仅极大地推动了科学向前发展，为现代科学奠定了基础，而且还唤醒了人们对科学真理的认识”[③]。自此以后，“科学”这一概念从知识和习性演变为自然科学，“科学”前面如果没有限定词，就等同于“自然科学”。在19世纪的牛津大学，“科学”仍然指基本的哲学课程，但我们现在所熟知的“科学”含义，“追溯到19世纪，几乎完全指自然科学和物理科学”[④]。正如恩格斯所说的，“自然科学借以宣布其独立便是哥白尼那本不朽著作的出版，他用这本书来向自然事物方面的教会权威挑战，从此自然科

① 吴以义：《科学的非科学功能》，载《科学》2012年第4期。

② 周德红、吴以义、陈敬全：《哥白尼日心说的建立何以是一次科学革命》，载《科学》2014年第5期。

③ 罗顺元：《论科学革命对社会思想之影响及对策》，载《科学管理研究》2010年第2期。

④ ［澳］彼得·哈里森：《科学与宗教的领地》，张卜天译，商务印书馆2016年版，第23页。

学便开始从神学中解放出来”[①]。

五四运动之后，对科学或自然科学的特征描述得最为详备的是罗志希[②]，他在《科学与玄学》中总共描述了八项特征，归纳起来可以形成对科学的三个方面的总体认识：

（1）科学是理性认识形成的系统知识。康德认为：“知识成系统的整体，就已经可以叫作科学了，而如果知识在一个体系中的联结是根据与后果的联系，它就甚至可以叫作理性的科学了。”[③]罗志希认为康德的认识“仅见到科学的一小部分和皮毛”，科学知识应当是通过“抽分”和“整理”建设起来的、系统排列的知识，是“准确、简单、完备”的知识，是“对现象间的共相”进行“历史描述”的知识，科学的“知识”必须“可供经验核准”，“可以测度”[④]。其中，“抽分”和“整理”即“概念化、类型化”研究方法，要诀是“分而后能治”（*divide et impera*），[⑤]属于理性的运用；“可供经验核准”，“可以测度”，即科学实验，属于经验的运用。综合起来看，通过理性认识的并经检验的系统的知识才是科学知识。

（2）科学是以理性为指导的研究方法。科学的“描述性”，

---

① 罗顺元：《论科学革命对社会思想之影响及对策》，载《科学管理研究》2010年第2期。

② 即罗国伦，清华大学第一任校长。

③ 周德红、吴以义、陈敬全：《哥白尼日心说的建立何以是一次科学革命》，载《科学》2014年第5期。

④ 罗志希：《科学与玄学》，商务印书馆1999年版，第30-36页。

⑤ 罗志希：《科学与玄学》，商务印书馆1999年版，第33页。

对“共相”的“历史描述”，“抽分”与“整理”，“经验核准”与“可以测度”等，都是科学研究方法，是现代科学发展出的“从现象出发，以理性为指导的思维方式”[①]。罗志希把这些科学方法作为科学的特征来归纳，恰好说明了科学知识和科学方法是同步调的，没有科学方法就没有科学知识，科学知识通过科学方法得到验证。

（3）科学“价值无涉”。罗志希在归纳科学特征时强调，“对于价值（value）的判断，科学是不当问的”，并且认为社会科学“愈关于人事的事，个人的成分愈难消除”，因此，社会科学虽然能够符合科学的一些条件，但“准确的性质，远不能如物理学”[②]。众所周知，“价值无涉”是社会学家马克斯·韦伯对自然科学本质的阐述，与罗志希所说的科学对于价值“不当问”是一致的。可以说，从近代科学的产生到20世纪，自然科学都循着一条“价值无涉”的路径发展，也一直以“不问价值”自认，是“最纯粹的科学”。

通过以上总结，人类对科学的认识遵循着从一般到特殊的历史过程，科学知识从人类认识和创造的系统知识缩小为自然科学知识，科学方法从大众的、经院哲学的转变为科学家的、理性的。科学既指科学知识，也指科学方法，两者都具有稳定、准确的内容，并且不涉及价值判断。

---

① 吴以义:《科学的非科学功能》，载《科学》2012年第4期。

② 罗志希:《科学与玄学》，商务印书馆1999年版，第34页。

二、从求知到问道，自然科学的“价值无涉”让位于现代科学的“求真向善”

科学，从知识、习性发展到自然科学，是一个历史进程，但随着人类历史的继续推演，尤其是进入新世纪，科学等同于自然科学的观念渐渐发生了变化，除了科学的“家族”逐渐扩大，一个新的历史进程不可阻挡地来临，即价值进入了所有科学的领域。在这一新的历史进程中，人们对科学与价值的关系有了新的认识，在以问题意识为导向的知识、理性的科学之上叠加以问道意识为导向的价值、意义向度的科学[①]，逐渐成为新的科学理念，科学的应用更是被纳入“价值有涉”的思维轨道中。

自然科学的“价值无涉”，如果回归其本意，回归到“避免主观情感价值判断”（马克斯·韦伯语）和“避免个人性情的成分，展开个人的好尚”（罗志希语），则“价值无涉”仍然是成立的，是自然科学研究必须坚持的。但随着自然科学的发展，价值因素逐渐从不同方位渗透进来，“价值有涉”成为自然科学研究新的特征。一是，在理论层面上，库恩（Thomas Kuhn）、普特南（Hilary Putnam）、英国科学知识社会学派（SSK）等人提出“科学的价值负载说”，汉森（Norwood Russell Hanson）

① 张宝明：《一声叹息：人文学科的底气何处寻？》，载《读书》2023年第8期。

提出“观察渗透理论”，前者主张科学发展的每一个环节均负载具体价值，后者认为观察和实验所依赖的理论本身就是主观的认识，[①]都不可能“价值无涉”。二是，在发展层面上，基于数学化和还原论的数理实验科学遭遇到至少两个极限，一个是熵增现象，另一个是自然系统的不确定性，需要反省征服自然、控制自然这种现代性主题的局限性，需要通过弘扬科学精神来克服这种局限性。[②]在发展层面上，自然科学开始需要沟通科学与人文，改变人类的自然观，与纯粹的“价值无涉”渐行渐远。三是，在应用层面上，科学理论与技术应用越来越不能分离，自原子弹爆炸后，科学家对链式反应用于武器制造再也不能“价值无涉”，科学如何造福人类的价值追问成为严肃议题。21世纪以来，科学技术飞速发展，科学应用中的价值观之争越来越严峻。胚胎基因编辑被叫停，[③]人工智能发展走到歧路，[④]“有效加速派”（Effective Acceleration, e/acc）与“超级对齐派”（Super-Love-Alignment）之间的价值观之争成为人类的世纪之问，甚至关乎人类的生死存亡。价值、意义向度

---

① 赵静:《法学的科学性问题研究》，载《北方法学》2022年第6期。

② 吴国盛:《究竟什么是科学》（下），载《中国经济报告》2014年第11期。

③ 基因编辑技术应用于胚胎，试图达到新生儿终生免于罹患艾滋病，被判定为非法行医。参见贺某奎案。

④ OpenAI首席执行官萨姆·奥尔特曼（Sam Altman）被免职事件中，萨姆与首席科学家伊尔亚·苏茨科夫（Ilya Sutskever）的价值观之争。前者是e/acc派，认为每一次科技进步都为人类带来好处，超级人工智能也不例外；后者是“大爱派”，认为必须让超级人工智能学会对人类的大爱，否则将可能给人类带来灾难。

的科学问道成为先进科技应用的前置程序。

科学“家族”成员的扩大，科学不再仅限于自然科学，“小科学”逐步走向“大科学”。采用数据化、客观化研究方法的社会科学入列科学行列，研究的现象“与物理学一样都属于可以被检验的，不同的是一类针对的是自然现象，另一类针对的是社会现象”①。社会科学的“价值中立”②只不过是社会科学研究者在数据采纳、分析时“主观情感”上的“中立”，而不是真正的“价值中立”，社会科学各学科都有自身完备的价值体系，无时无刻不涉及价值判断，但这丝毫无损于社会科学所具有的“科学本色”。另外，生物学、心理学从哲学中分离出来，创造出“能够通过实证研究不断澄清的知识”③，生物学近似于物理学，而心理学也遵守“描写的职分”④，都具有科学的“描写性”特征，但生物学、心理学与人文关怀密不可分，与人类价值须臾不离。与此同时，就连戏谑为“最不科学”的人文“科学”，也被意大利学者维柯定义为“诗性智慧”，是与“知识、理性等科学意义上的智慧”分庭抗礼的“新科学”⑤。其实，

---

① 乔晓春：《中国社会科学离科学还有多远》，北京大学出版社2017年版，第142-143页。

② ［德］马克斯·韦伯：《社会科学方法论》，韩水法、莫茜译，商务印书馆2017年版，第151页。

③ 乔晓春：《中国社会科学离科学还有多远》，北京大学出版社2017年版，第144页。

④ 罗志希：《科学与玄学》，商务印书馆1999年版，第24页。

⑤ ［意］维柯：《新科学》，朱光潜译，商务印书馆1989年版，第175页。

人文学科的意义不在于是否成为“新科学”，而在于其“问道意识”为科学知识这一人类智慧种下了“慧根”，“问道意识说的就是慧灵、慧根、顿悟、觉悟意义上的灵魂”[①]，是对科学提出的“善与恶”的价值追问。

追寻科学的历史，现代科学涉及“真与善”，“为人的行为提供指南”，是因为它根植于“自然哲学和自然志所留下的遗产，自古以来，自然哲学和自然志就关心这些崇高的主题”[②]。有学者提出以“博物科学”克服数理实验科学发展极限的理由之一，正是因为“博物科学还有一个功能，就是可以起到沟通科学与人文的作用”[③]，为科学研究提供人文方法，沟通自然知识和人文知识，以确保理性的科学知识成为“向善”的人类智慧。

---

① 张宝明：《一声叹息：人文学科的底气何处寻？》，载《读书》2023年第8期。

② ［澳］彼得·哈里森：《科学与宗教的领地》，张卜天译，商务印书馆2016年版，第267页。

③ 吴国盛：《究竟什么是科学》（下），载《中国经济报告》2014年第11期。

第二章　赋能、立德的法律科学

法学是一门古老、复杂的学问，其天职是应用，必须具备化解矛盾纠纷、建立社会秩序、维护公平正义的社会功能，这样的法学必然要走向科学。如同现代科学自哥白尼革命后从亚里士多德的知识、习性和“七种技艺”，走向以数学化和还原论为基础的数理实验科学，成为人类理性认识世界形成的知识、方法和价值一样，法学也从古老的决疑术逐步走向形式化、理性化，并最终发展成为现代法律科学。认识法律科学是奉行法律科学的嚆矢，在法学领域纷繁复杂的学说或知识谱系中，法律科学的内容、方法、价值对于科学立法和准确执法具有极强的指导性和约束性，裁判形成的过程就是法律科学有效应用的过程。同时，奉行法律科学还是养成法律职业者伦理操守的必由之路，是法律职业者在操守上的属性

[la forme，区别于“偶性”(l'accident)]，具有职业伦理意义。因此，法律科学兼具功用和伦理上的双重效用，具有为法律职业者赋能、立德的内在功能。

一、法律科学的形成与形态

关于法律科学这一概念的内涵和外延，学术界虽然存在一定的认识差异，但公认法律科学的概念是随着rechtswissenschaft的出现，于17世纪中后期在德国得到承认和发展的。Rechtswissenschaft指关于法的系统化知识(康德主张的科学[①])，包括法哲学、法理学、法史学、法社会学、比较法学和法教义学。[②]由rechtswissenschaft表述的法律科学具有系统化和理性化两大特征，前者指法律科学是“从哲学、历史、比较研究、分析研究、评论等各角度对广义上的法律及其演变、转型、形成、阐释、应用等方面的系统化、体系化的知识”[③]，后者指这些系统化、体系化的知识是理性作用的结果，是人类千百年来理性认识法现象的智慧结晶。持续的、有目

---

① 康德对科学(wissenschaft)下的定义：“任何一门学问只要能构成一个系统，即按原则而被组织起来的知识整体，都被称为科学。”转引自[瑞典]亚历山大·佩岑尼克：《法律科学：作为法律知识和法律渊源的法律学说》，桂晓伟译，武汉大学出版社2009年版，第4页。

② [瑞典]亚历山大·佩岑尼克：《法律科学：作为法律知识和法律渊源的法律学说》，桂晓伟译，武汉大学出版社2009年版，第3-6页。

③ [瑞典]亚历山大·佩岑尼克：《法律科学：作为法律知识和法律渊源的法律学说》，桂晓伟译，武汉大学出版社2009年版，第3页。

的性的理性作用，形成了法律科学的概念化、类型化、体系化。

法律科学的形成经历了漫长而艰苦的历程。主流观点认为，“法律科学既是在罗马社会诞生，也是在罗马社会发达”[①]。公元前2世纪罗马开始形成以“论辩式”存在并呈现为“碎片化”的决疑法体系，公元前1世纪到公元3世纪古典法学时期，罗马法学家致力于日常法律实践，开始对错综复杂的决疑法体系进行系统化和类型化工作，并在6世纪达到顶峰，其中大部分精华通过古典法学作品《学说汇纂》留存。到19世纪中后期，法律科学发展出“形式主义理性化的法学知识体系”，在这一漫长的历史中，无数法学天才人物坚持选择“科学法”的道路，按照“法学分析”“逻辑集中”“体系建构”[②]对法条、法思想进行“理性加工”，倾注了毕生心血。在法律科学形成过程中，希腊的“承载着指引和规范功能的抽象法律概念”和“柏拉图–亚里士多德类型化哲学”采用的“类型化技术”提供了主要的“加工”工具，罗马法学家为罗马法“错综复杂的决疑法体系进行系统化与类型化工作”[③]奠定了法律科学系统化的基石。马克斯·韦伯总结为：“希腊的哲学学派也明显成为法律学派外在组织的模范。正是从法律学派的这种

① ［意］洛伦佐·伽利雅迪：《法律科学的诞生》，赵毅译，载《求是学刊》2016年第3期。

② 舒国滢：《法学的知识谱系》，商务印书馆2021年版，第931–932页。

③ ［意］洛伦佐·伽利雅迪：《法律科学的诞生》，赵毅译，载《求是学刊》2016年第3期。

教学和出版活动出发，罗马法从最初强烈的经验性格（尽管概念精微），逐渐发展成技术越来越被赋予合理化且具学术精纯性的法律体系。”①

1850—1914年之间第一次法律全球化使得欧洲和西半球的具备“科学法”特征的形式主义理性化的法学知识体系和古典法律思想得以在非西方体制传播，这次全球化的重要特征是“把法律作为规制私人和公共行动者的自治系统，这个系统的边界由法律推理所界定，而法律推理被理解为一种科学实践”②。法学知识体系在第一次全球化期间就实现了（至少在私法领域）对世界广大范围内法律创制活动的决定性影响，这要归功于其所具有的科学、系统的特质，此后以社会法学为特征的第二次法律全球化以及以政策分析、新形式主义与司法裁决为特征的第三次法律全球化，③都不能对其有实质性的修改，但起到了发展和完善的作用。社会法学的出现增加了新规范，并为法律科学开辟了新领域。古典法律思想的转化形态——新形式主义迅速蔓延到公法领域，包括国际法、宪法、

---

① ［德］马克斯·韦伯：《法律社会学　非正当性的支配》，康乐、简惠美译，上海三联书店2021年版，第217页。

② ［美］邓肯·肯尼迪：《法律与法律思想的三次全球化：1850—2000》，高鸿钧译，载高鸿钧：《全球视野的比较法与法律文化》，清华大学出版社2015年版，第319页。

③ 高鸿钧：《全球视野的比较法与法律文化》，清华大学出版社2015年版，第319-320页。

刑法，以及家庭法。[①]法学知识体系更加丰富，更具时代性。

19世纪中后期，经过持续概念化、类型化“加工”的法律知识体系逐渐发展成为形式主义理性化的法律科学，其在私法上的代表是德国“学说汇纂法教义学”。对此，有学者总结为，其在知识论上“从过去（如罗马法学、中世纪法学）主要表现为法学家之意见权威（或意见性的教义权威）的法教义学转变为主要依靠（通过学说汇纂学派的理论努力而形成的）逻辑—体系性知识本身（理性论证）的力量来维系其知识权威（科学性的教义权威）的法教义学……体现出（马克斯·韦伯意义上的）近代以来形式主义理性化的学术思想特征，学说汇纂法教义学成为形式主义理性化的体系建构式的法学知识类型”[②]。以学说汇纂法教义学为代表的法律科学，具备系统的法学知识、法学方法、法学价值体系等科学内容，具备理性的、形式的和体系的科学特征，呈现法律科学形式、理性、系统的现代科学形态。自此以后，各种法律科学学说的发展都是在此种法律科学的形态中发展，突破与创新虽时有发生，但主要是新的知识的出现，新的价值的发掘与弘扬，尚未形成对法律科学“裂变”式的影响，法律科学大厦根基稳固，结构稳定，体系清晰。正是这样的法律科学为科学立法提供了样本，为法

---

① [美]邓肯·肯尼迪：《法律与法律思想的三次全球化：1850—2000》，高鸿钧译，载高鸿钧：《全球视野的比较法与法律文化》，清华大学出版社2015年版，第338-373页。

② 舒国滢：《法学的知识谱系》，商务印书馆2021年版，第974页。

律实施提供了准据，法的可预测性得到了保障，法学教育持续繁荣，大部分国家的法律在稳定与安定中实现了与时俱进，法律人历史性地成为科学工作者。

二、法律职业的独特性以及对专业能力的要求

尽管人类从事生产劳动与人类的历史一样悠久，职业的出现则较晚，一般认为职业是社会分工的产物。中国古代战国时期煤铁、棉花、交通运输、纺织等工商业出现，商业大都市"临淄之中七万户（20余万人）"，农民离开耕地去从事各种不同的新兴事业，[①]职业从农业生产中开始分化出来。罗马共和末期已有所谓"法学者"以解答各种疑难法律问题维生，法学、医学、神学为当时三大传统学问，[②]西方中世纪有三种得到认可的职业：神学、医学和法律，职业教育也随之出现。[③]研究认为，职业区别于劳动，具有专业性、规范性与自主性。职业所必备的专门知识和技术构成职业的专业性，职业标准与价值、操守构成职业的规范性，因此，简单的体力劳动不是职业。此外，没有选择自主性的工作也不是职业，比如"面朝黄土背朝天"的农民或农奴，因此，职业应当还具有自主性的

① 钱穆讲授：《中国经济史》，北京联合出版公司2019年版，第23–28页。
② 杨仁寿：《法学方法论》，中国政法大学出版社1999年版，第18页。
③ 文学国：《法律职业伦理导论》，上海大学出版社2021年版，第6–8页。

特征。①

法律职业的特征除了上述专业性、规范性、自主性外，还有公共性和独立性，前者指“法律职业的首要目标就是公共服务”②，是以专业和技能深度参与社会公共治理甚至国家治理，追求社会公平正义；后者指法律职业者只服从法律，只依照法律科学的见解独立作出判断、提供意见、追求公平正义。但分析来看，公共性并不专属于法律职业，社会管理中的很多技术性较强的职业都具有公共性，公务员队伍中的技术岗位，如统计、技术监督、检疫检验等职业，都离不开公共性。而法律职业的独立性要求，确实属于法律职业的独特性。马克思曾在《1848年至1850年的法兰西阶级斗争》中指出：“法官是法律世界的国王，除了法律就没有别的上司。”③诚然，法官只服从法律，而公务员要服从科层制和首长负责制等。2001年80国首席大法官圆桌会议通过的司法行为原则（班加罗尔司法行为原则）的内容包括依法独立审判、中立与公正、专业能力、谨言慎行、勤勉笃实、重视效率、保守审判秘密等。其中，依法独立审判和专业能力、中立公正体现了法律职业的独特性，也是法律职业伦理的要求，其他原则如勤勉笃实、重视效率等普适于有职业化要求的其他工作，如政务官、公务员、政府代理

---

① 文学国：《法律职业伦理导论》，上海大学出版社2021年版，第6–8页。

② 卢学英：《法律职业共同体引论》，法律出版社2010年版，第7页。

③ 《马克思恩格斯全集》（第1卷），人民出版社1995年版，第180–181页。

人、国有企事业单位高管等。

关于依法独立审判，我国《宪法》[①]第131条规定的"人民法院依照法律规定独立行使审判权"就极为精当、准确地表达了依法审判与独立审判的关联关系。独立审判作为法官职业伦理原则已经得到国际社会的普遍认同，第七届联合国预防犯罪和罪犯待遇大会决议（联合国大会1985年11月29日第40/32号决议及1985年12月13日第40/146号决议）、《世界人权宣言》、《经济、社会及文化权利国际公约》、《公民权利和政治权利国际公约》等文件中都有明确表述。但独立审判仅针对法官，不适用于所有法律职业。此外，审判工作的独立性也不纯粹取决于该项工作本身，独立审判也不取决于法官的个人选择，国家制度安排以及根据制度安排形成的职业伦理共识以及个体职业操守是独立性的直接来源和根本保障。因此，独立性虽然构成法律职业和法律职业伦理的独特性，但存在太多外部要求，不属于法律职业的内在要求。

专业能力属于法律职业独特的内在要求。法律职业的专业能力可以归纳为决疑（化解矛盾纠纷）、建序（建立社会秩序）、致公（维护公平正义）三个方面。法律是天生的实践派，其在人类历史上诞生之时就是为了决疑，其实用性在于为决

---

① 本书提到的法律，如无特别说明，引用的均为中华人民共和国现行法律。为了行文方便，省略了法律名称中的"中华人民共和国"。本书引用的司法解释，省略名称中的"最高人民法院"。——编者注

疑服务，无论现代法学还是古代律学都无例外。从具有形式主义理性传统的大陆法系发展而来的法教义学本身就是决疑术，这种决疑术在法律实证主义的“烘焙”下已经“熟透”，通过法律特有的思维方式可以便捷地适用于决疑；观察英美法系，无论是近现代代表人物克里斯托弗·哥伦布·朗代尔所主张的机械法学，还是罗斯科·庞德、奥利弗·温德尔·霍姆斯等主张的现实主义法学，也皆为了以“更完善、更令人满意的方式解决法律疑难问题”①。罗马法学家乌尔比安箴言“法律乃良善允正之术”，相对于“良善允正”来说决疑只是手段，法律职业者通过决疑这一手段建立秩序、维护秩序并致力于实现社会的公平正义才是最终目的。达致“良善允正”是法律职业者更重要的能力。从能力的层次上看，决疑是向个案负责，建序是向社会负责，致公是向伦理负责。对比人类的智慧境界，决疑是初、中级智慧，建序、致公则是高级智慧（按照智慧的四境界说，初、中、高前三境界中，知识、能力属于初、中级智慧，伦理属于高级智慧②）。社会对法律职业者的三种专业能力的综合要求，始终应当居于各类职业能力之上。

三、法律科学造就法律职业者的专业能力

专业能力属于法律职业者的内在要求，须经法律科学学

---

① 舒国滢:《法学的知识谱系》，商务印书馆2021年版，第51–52页。

② 焦国成:《智慧四境界说》，载《晋中学院学报》2010年第4期。

习与训练方能具备。法律科学有着知识条文化的独特风格，法典就是教科书，法学家的法律评注也具有法律适用功能。法学知识条文化，法律条文知识化，法条、案例千头万绪，法学知识内容庞杂，再兼法律思维的专门化、技术化，掌握这些知识与方法，均需经过长期的法律科学专门学习和训练。法律职业以追求公平正义为第一要务，贯彻法律的价值，实现良法善治是法律职业永恒的目标。法律价值随时变迁，与时俱进，并非一成不变。与此同时，哲学、经济学、社会学、伦理学等社会科学、人文学科对法律职业实现公平正义还有着超越法科本身的要求和期待，可以说，现代社会治理对法律职业者专业能力的要求无论怎么高企都不过分。波斯纳在《超越法律》中描述的："（法官）职业不仅要求诀窍、经验、聪明能干，而且还要有一套专门化的、抽象的科学知识或者该领域内的智识结构和体系的知识。"①这在今天看来虽然仍然适用，但已经不敷使用。法律职业者的逻辑能力非经验、诀窍、聪明能干可以自行养成，历史的、民族的、社会学的分析思维能力也非单一学科可以自行供给，做一个21世纪称职的法律职业者并非易事。即便如此，我们还必须省察到，法律具有滞后性，法律职业也具有滞后性，法律职业者的专业能力即便勉力追赶着时代的脚步，也可能会落后。此外，令人遗憾的是，人类社

① ［美］理查德·A.波斯纳：《超越法律》，苏力译，中国政法大学出版社2001年版，第44页。

会的发展不是线性的、单向度的，物理学领域里的量子理论代替"以太"说是不可逆的，但人类社会对"礼崩乐坏"的捶胸顿足还是会引发一些人的"三代"迷思，法律职业者追赶的时代也可能是在错误的方向上退行。对此，法律科学与法律职业者都要高度警惕。由于上述种种因素，社会对法律职业者能力的评价变得越发复杂①，那种认为不需要掌握法律科学，仅凭熟稔人情世故就可以当好法官、检察官、律师的观点，与法律职业专业能力的时代要求南辕北辙。

法学知识的载体主要是法律和法学著作（尤其是法学教科书），这些构成法学专门教育的内容。大体来说，对法律的学习与分析宜采用案例教学法，对法学著作的学习与研究宜采取概念—命题—规则—体系教授法，辅之以案例分析。然而，无论是分析法律，还是学习教科书，教授者都应当首先是法律之师、饱学之士，然后再考虑"锦上添花"增加一些跨学科通才的趣味，而不是未经正式法学训练的"业余社会科学家"②。法学方法的学习是法科学生的"临床训练"，训练的目的是掌握"四个确定"：一是法律事实的确定，即运用工具理性确定法律真实，为正确推演法律后果奠定事实基础；二是法

① 对法律职业者工作的评价一直是社会热点，近年来社会上广泛讨论的"扶不扶"（老人）、"劝不劝"（电梯抽烟）、"追不追"（出租车司机追小偷致其伤残）、"冻不冻"（单身女性卵子）等问题，都反映出法律与社会之间的张力，就在本书写作的时候，美国最高法院裁判的"平权法案""堕胎案"也同样引起广泛关注。

② 舒国滢：《法学的知识谱系》，商务印书馆2021年版，第53页注释部分。

规范（法知识）的确定，即找法和把握法背后的法知识，为案件的争议焦点、冲突权利寻找、确定应予适用的法律依据，对法条竞合、法律抵触、法律缺失等特殊情形，能够依照法学方法准确处理；三是法方法的确定，即按照法学各类方法的性质与具体要求，按照适用次序，运用于解释法律，确定法律真意；四是法价值的确定，即运用法律评价在法律真意中确定法律的价值目标，将法律的价值追求贯彻到法律实践中，实现良法善治。掌握“四个确定”是法律职业者的基本功，为此，法科学生要熟练运用法律思维，掌握法律逻辑，比如用请求权基础法确定适用案件的法条，用法解释方法确定法律真意与法价值，用证据法确定法律真实等。

四、法律科学养成法律职业者的伦理操守

“徒法不足以自行”，法律无论多么科学、公正，都需要奉法者准确、妥当适用法律。“奉法者强则国强”，执法、司法者公正、准确适用法律，不仅需要极强的专业能力，而且需要极强的职业操守。奉法者的伦理操守虽与个人的性情有关，但主要还是通过后天法律职业伦理训练来养成，法律科学的知识、方法和价值是养成法律职业者伦理操守的基本遵循和源头活水。

伦理是德性，科学的拉丁语语义也是德性，拉丁词*scientia*即指个人的内在品质（inner qualities），或者说“德性”

(virtues)[①],科学的德性养成尊崇该科学的职业者的德性,这一规律也完全适用于法律科学与法律职业。法律科学养成法律职业者的德性(或伦理操守),如同“赋予科学以特殊精神气质的并非从业者的道德品质,而是科学的制度惯例,这体现在被认定为独特的科学方法中”[②]一样,约束着法律职业者操守德性的,与其说是“从业者的道德品质”,不如说是法律科学,是统一于法律理性的法学知识、方法和价值。作为人类理性认识法律现象的成果,法律理性凝聚着法律之治的高级智慧,记载着无数法学天才人物的发现和创造,无论是形式主义理性的、科学的法典,还是数量众多、经验的判例法,虽经时代变迁而与时俱进,但其根本智慧不曾动摇。作为认知理性的法学知识不会走向反智,作为工具理性的法学方法不会走向失智,作为实质理性的法价值不会走向失德。只要奉法者诚实遵循法学知识、方法与价值,其职业操守必将因奉行法律科学而逐步养成,法律理性必将演变为法律职业者的德性。

以法律职业共同体集体遵循的法律科学约束法律职业者的奉法行为,其伦理约束力远远强过简单的道德说教。统一于法律理性的法学知识、方法、价值对受过法律理性专门训练的法律职业者构成强大的约束力,故意违背法律理性,公然作出违背法律理性判罚的法律职业者,无论其怎样操弄权柄也

① [澳]彼得·哈里森:《科学与宗教的领地》,商务印书馆2016年版,第1页。

② [澳]彼得·哈里森:《科学与宗教的领地》,商务印书馆2016年版,第253页。

必定寝食难安。反过来，否定法律正义的确定性、可预见性，认为人类的法律正义没有固定答案的人，也必然要先否定法律科学，因为千百年来经过无数卓越人士的努力建立起来的法律科学大厦，具有泰山压顶的科学力量和伦理力量。遵从者戒慎；顽劣者惶恐；反对者只能采取鸵鸟策略，对法律科学的科学性与应用性视而不见。而这也正是法律科学的科学力量与伦理力量的展现。

在法律的实施中，公正司法至关重要，科学的法学还有利于排除对司法的干扰，能够对法官维护司法正义起到支撑作用。在医生面前，无论是高官巨贾还是斗升小民都是病人，不能颐指气使地指导、强迫医生怎样开处方。法学作为科学，法官作出裁判，就如同医生开处方一样，可以凭法律科学之力排除权力、金钱、人情的各种滋扰，依法作出裁判，“努力让人民群众在每一个司法案件中感受到公平正义”①。

① 习近平：《高举中国特色社会主义伟大旗帜　为全面建设社会主义现代化国家而团结奋斗——在中国共产党第二十次全国代表大会上的报告》，人民出版社2022年版，第42页。

第三章　法律科学的科学功用

科学能够解释真实的世界，“是因为它建立在科学功用基础之上”①。科学功用体现了科学的工具性，是科学的一部分，与技术不同，后者独立发展，直到近一两百年才与科学“密切联系”②。现代科学的科学功用即现代科学产生的实用技术和实际结果，虽然科学功用不能与科学原理画等号，但它是科学中最亲民的部分，是实现诺贝尔奖获奖标准“提高人类福祉”（for the greatest benefit to mankind）的科学路径。17、18世纪自然哲学向自然科学转变的一个重要方面，就是科学“从沉思真理转向为人类提供物质享受”③，科学的“管用”让现代科学从少数人掌握的带有神秘色彩的关于自然世界的描述，呈

① ［澳］彼得·哈里森：《科学与宗教的领地》，商务印书馆2016年版，第268页。

② 吴以义：《科学的非科学功能》，载《科学》2012年第4期。

③ ［澳］彼得·哈里森：《科学与宗教的领地》，商务印书馆2016年版，第268页。

现为大众所熟知并使用的科学技术，科学具有了世俗的面貌。法律科学的科学功用是法律科学中发挥着决疑、建序、致公等功能的“管用”部分，研究与探索法律科学的科学功用，其直接价值是厘清法律科学的应用内容与法则，为裁判的形成提供科学性、正确性，让法律科学从理论走向实践。

法律科学这一概念在西语中有legal science、jurisprudence或者rechtswissenschaft等不同用法，文义和涵摄都存在不同的理解，中文世界里的“法律科学”即“是以法为研究对象的各种科学活动及其认识成果的总称”①，包括理论法学与应用法学，前者指rechtswissenschaft中的法哲学、法史学、法理学、法社会学和比较法学，后者指rechtswissenschaft中的法教义学，“意为有关现行法律的学问”②。理论法学与应用法学都具有科学功用，但法律科学中为应用而存在，能够直接发挥科学功用的是应用法学。

一、法律科学发挥科学功用的科学技术——法律理性

科学发挥功用必须通过技术或产品，科学技术和科技产品通过人类的使用，为人类提供“物质享受”，造福人类。随

---

① 张文显主编：《法理学》（第5版），高等教育出版社、北京大学出版社2018年版，第5–14页。

② ［瑞典］亚历山大·佩岑尼克：《法律科学：作为法律知识和法律渊源的法律学说》，桂晓伟译，武汉大学出版社2009年版，第19页注释部分。

着人工智能的发展，科技产品将拥有越来越趋近人类的神经系统，机器越来越具备自主运行的功能。法律科学发挥功用也通过法律科学中的“科学技术”来实现。以学说汇纂法教义学为代表的法律科学，具备系统的法学知识、法学方法、法学价值体系等科学内容，呈现法律科学形式、理性、系统的现代科学形态。法律科学的科学功用离不开法学知识、法学方法和法律价值体系的协同作用，知识、方法、价值构成法律科学发挥科学功用的“科学技术”，成为法律科学功用的三大柱石。未来在人工智能的加持下，法律科学的科学技术能否不通过法律职业者的参与即可自主实现决疑、建序、致公的社会功能，预计在不久的将来会成为法学界思考与争议的重要议题。

科学等同于真知灼见，等同于理性，是“那种单纯通过头脑中的思维和思辨，构造出一套逻辑严密的推理体系，认为‘理’是这个世界的本质，‘推理’、‘讲理’是与世界打交道的恰当方式”①。理性的概念本身就包含知识、方法、目标（价值）三大要素，②因此，用理性来描述和分类法律科学的内容、方法和价值，不仅易于理解，而且可以实现“在关节处来切割”③的效果。关于理性的类别与内容并无权威解释，基于较为通

① 吴国盛：《究竟什么是科学》（下），载《中国经济报告》2014年第10期。

② ［美］史蒂芬·平克：《理性》，简学、简丁丁译，浙江教育出版社2023年版，第40页。

③ 柏拉图比喻说，“好概念是在关节处来切割自然，而不像笨拙的屠夫那样去肢解”。［澳］彼得·哈里森：《科学与宗教的领地》，张卜天译，商务印书馆2016年版，第7页。

用的关于理性的分类，按照形式主义理性的法律科学的内容寻找适合的“理性类别”，是行之有效的方法。首先是法学知识，可以归入史蒂芬·平克（Steven Pinker）所谓的认知理性（epistemic rationality）[①]；其次是法学方法和法律价值，对应为马克斯·韦伯的工具理性（instrumental rationality）和实质理性（value rationality，也称价值理性）。[②]此外，还有形式理性（formal rationality），后者指抽象的、体系化的、具有稳定的内容与形式的理性认识成果。[③]

第一，法律和法学教科书都是人类理性认识法现象的成果，是智慧的结晶，属于认知理性。法律的形式主义体现为形式理性，与法律价值的实质理性相互配合，共同发挥作用，构成裁判形成的尺度与准绳。第二，法学方法有逻辑的、经验的和价值的，其中绝大多数具有工具理性特征，尤以法律逻辑方法最为突出。作为“人类所特有的、在劳动实践过程中形成的概念、判断、推理、归纳、演绎等抽象思维反思活动能力”[④]，

---

① ［美］史蒂芬·平克：《理性》，简学、简丁丁译，浙江教育出版社2023年版，第xviii页。

② 理性的类别与内涵在不同的著述中有不同的表述，韦伯关于理性的表述比较常见，但并不统一，此处系笔者按照法律科学的内容特征和应用上的特点所进行的甄别和取舍。［德］马克斯·韦伯：《社会学的基本概念 经济行动与社会团体》，顾中华、康乐、简惠美译，上海三联书店2020年版，第52页；［德］马克斯·韦伯：《经济与社会》（第2卷·上册），阎克文译，上海人民出版社2020年版，第1142–1150页。

③ 此为著者的归纳，参考［德］马克斯·韦伯：《法律社会学 非正当性的支配》，康乐、简惠美译，上海三联书店2021年版，第5章。

④ 李成旺：《何谓“理性”？“理性”何为——完整理解“理性”内涵对当代中国社会发展的启示意义》，载《学习与探索》2015年第3期。

法律逻辑在法律解释与应用中占据着重要的位置，也是法科学生所受到的最为独特的专业训练。从学术研究的角度看，法学研究是以法现象为研究对象的科学活动，要运用社会调查、历史研究、比较研究、逻辑分析、语义分析等实证研究方法。[①]科学研究发展的现代思维方式是“从现象出发，以理性为指导的思维方式”[②]，法学研究的方法完全符合这种科学的、理性的思维方法。第三，法学的价值导向思维[③]始终存在于立法、释法、用法之中，法学的目标是创制符合人类价值观的法律，并通过法学方法将法律价值应用于法律实践，实现良法善治。法律价值属于实质理性，是法学这门学科价值性的集中体现。

如此，法学知识、法学方法、法学目标（价值）都可以准确地用理性来描述和分类，统称为法律理性，法律理性代表着法律科学发挥科学功用的“科学技术”，是应用法学的核心，法学中的其他内容和认识成果围绕法律理性，服务法律理性。用法律理性来统帅法学知识、方法、价值不仅是为了描述和分类法律科学中科学功用的内容，也是为了便于归纳、阐释法律理性的应用法则，如同科学真理引领实践一样，法律理性引导

---

① 张文显主编：《法理学》（第5版），高等教育出版社、北京大学出版社2018年版，第12–13页。

② 吴以义：《科学的非科学功能》，载《科学》2012年第4期。

③ ［德］卡尔·拉伦茨：《法学方法论》（第6版），黄家镇译，商务印书馆2020年版，第276页。

裁判的形成。

二、法律科学发挥功用的方式——法律评价

科学功用既是科学的实践，也是科学的检验，科学知识、方法、价值在科学功用中得以“造福人类”并检验真伪，统一于法律理性的法学知识、方法、价值也在法律科学的功用中发挥其科学指导实践的作用，并被检验。

如同科学需要实践检验一样，法律也通过法律实施来检验。法律实施是法律科学知识、方法、价值发挥作用的过程，是法律科学发挥功用的场所。制定法颁行后，写入法规范中的法律价值能否得以推行，推行效果如何，能否符合时代发展的需要，都要通过法律实施来检验与评价。亚里士多德在《政治学》中指出：“法治应包含两重意义：已成立的法律获得普遍的服从，而大家所服从的法律又应该本身是制定得良好的法律。”[①]法律实施就在法治中发挥着这样的作用，既检验法律是否“获得普遍的服从”，又检验法律本身是否“制定得良好”。最具典型意义的法律实施过程是办案，包括执法、司法等所有办案在内，每一次办案都是一次对法律的检验，是法学的“科学实验”。当办案中遇到法律供给不足、法律价值缺位时，运用制定法外的法律价值进行法律论证，是检验制定法的

① ［古希腊］亚里士多德：《政治学》，吴寿彭译，商务印书馆1965年版，第199页。

不足，实现法律科学创新的重要契机。除办案外，应用法学分析也是对法律进行实践检验的重要方式，应用法学分析中运用到的案例分析，既可以检验法律科学的“科学成色”，又可以检验法律价值是否得以践行。无论是办案、法律论证还是应用法学分析，都是用法律价值作为标准，评价法律本身的“科学性”和法律施行的“价值性”，借用“评价法学”所使用的“价值评判法学”[①]的用法，办案、法律论证、应用法学分析这样的法律科学发挥功用的过程统称为“法律（价值）评价”。法律评价是法律科学发挥功用的方式。

法律评价也是法律科学的“科学实验”，是保证法律安定性和生命力的重要手段。法律评价是实践的、经验的，具有与时俱进的天然品格，可以有效克服理性的自负，防止理性的失灵。法律评价属于应用法学，但并非应用法学独家运作的领域，理论法学在法律价值与评价方法上的探索，是有效开展法律评价的重要根据。正如有学者所主张的，“法理学不能教给人知识，而是授人以智慧”[②]。这种智慧既是理性，也是对理性的检验。可以说，理论法学对法学的重要贡献不仅在于为法学的科学性提供实现路径，还在于为法学的科学性提供检验手段。

---

① ［德］卡尔·拉伦茨：《法学方法论》（第6版），黄家镇译，商务印书馆2020年版，第159页。

② 舒国滢：《做一个“完全的法律人”》，载桑磊主编：《法学第一课》，中国政法大学出版社2023年版。

第四章　作为科学技术的法律理性

法律科学的复杂与浩繁使得认识法律科学存在相当的难度，通过关于理性的类别来划分和认识法律科学的“科学技术”部分，既是一项认识、探索法律科学的技术手段，也是掌握法律科学应用的捷径。

一、法律理性的基本认识与定义

法是理性，这一点在法的理论和实践中无疑是共识。西塞罗在《论法律》中就清晰地提出“法，是根植于自然的最高理性”，“法，源于正义，是自然之力，是理智和理性，是正义与否的标准”[①]。在西塞罗看来，法就等同于理性。自然法学从诞生之日起就将法律理性与自然联系起来，将法看作人类对自

① ［古罗马］西塞罗：《论法律》，钟书峰译，法律出版社2022年版，第20–21页。

然正义的发现，法律理性是自然正义的法律化。在法律实践领域，有着成文法传统的大陆法系（尤其是法典化）国家，法律表现为形式化、理性化的法条，法条里面的形式理性和实质理性成为法律理性最直接的表达；主张法律的生命是经验的英美普通法（或称为共同法）国家，也同样认为“普通法是由多少代人的集体智慧发展而来并加以阐述的自然理性”①，“生命、继承、动产和不动产的诉讼不是依自然理性来决断的，而是依人为理性和法律的判断来决断的”②。在这里，无论是自然理性还是人为理性都完全区别于经院哲学的先验主义，承认人的理性可以描述世界、认识世界。

17、18世纪理性主义自然法学从“科学的内在结构出发来建构各自的自然法学说”③，自然法在科学昌明的助力之下呈现“科学法”“理性法”的新面貌。古往今来，从不成文的习俗到成文法，从松散型立法到法典化，法律科学的理性不仅具有强大的生命力，而且更加体系化、形式化、科学化，并成功抵抗住了否定制定法，要将“法官从法条中解放出来”④的自由法运动的冲击，让21世纪的人类生活与法的理性同频共生，稳

---

① ［美］爱德华·S.考文：《美国宪法的“高级法”背景》，强世功译，三联书店1996年版，第30页。

② ［美］爱德华·S.考文：《美国宪法的“高级法”背景》，强世功译，三联书店1996年版，第30页。

③ 舒国滢：《法学的知识谱系》，商务印书馆2021年版，第756页。

④ ［德］赫尔曼·康特洛维茨：《为法学而斗争：法的定义》，雷磊译，中国法制出版社2011年版，第47页。

步迈向良法善治。

法律理性是理性认识和实践经验的统一。法学研究者在实践中观察法现象并从中取得经验，通过理性认识，正确地运用才智获得真理。这与科学研究完全一致。哲学上的经验主义和理性主义都大力提倡科学研究，"认为理想主义与经验主义完全对立，经验主义只要经验，理性主义完全不要经验，只要理性，所以只能是唯心论。这是出于误解"①。理性发挥作用是因为"感觉经验有片面性，单凭感觉得不到普遍的科学真理。必须更上一层楼，在全面的理性指导下批判地总结才行"②。人天生具有理性，比如逻辑能力，但这种天然理性还不足以认识世界，不足以产生科学。经过长期研究、观察和经验积累，经过人为加以完善的理性，才能认识实践，创造知识，产生科学。所以，科学是理性和经验的统一，法律科学也一样。反过来，科学可以防止"理性的自负"（哈耶克语）和"滥用理性"（邓肯·肯尼迪语），法律科学在发现和弥补理性不足这一方面更有擅长，因为法律实施的过程就是法学的"科学实验"，时刻检验着法律科学各项内容的"科学性"。

"理性"一词虽然经常被使用，但给理性下定义的极少，史蒂芬·平克在《理性》中认为"理性（rationality），是利用知识实现目标的能力"，知识是"确证的真信念"，"信念必须为

---

① ［法］笛卡尔：《谈谈方法》，王太庆译，商务印书馆2000年版，第xiii页。

② ［法］笛卡尔：《谈谈方法》，王太庆译，商务印书馆2000年版，第xiii页。

目标服务”[①]。这个定义不仅简洁明了，且要素清晰。套用平克的定义，法律理性，即“利用法律知识实现法律目标的法律专业能力”。知识是认知理性，目标是实质理性，能力是各理性综合发挥作用形成的合力，其中离不开工具理性，即实现法律目标的方法。如此，统一于法律理性的知识、方法、价值涵盖了法律科学的主要内容，还恰好对应人类智慧的三个境界。[②]可以说，法律理性是人类法律之治的智慧集成。

二、法律理性的构成

（一）法律化的法学知识

考察法律科学形成的历史可以发现，法律科学形成的标志是形式主义理性化法学知识体系的出现，如前所述，这样的法学知识体系的形成离不开法学家群体长期的概念化、类型化“加工”工作。纵观人类知识的生产过程可以发现，知识是人对感性认识进行理性加工后形成的智慧，知识的材料离不开人的感觉，是“人的心灵经由感觉和反省获得的观念”，但感觉必须经过理性的加工才能成为知识，“理性的作用是正确把握观念之间的关系，形成知识”[③]。法学知识的加工基础是人

① ［美］史蒂芬·平克：《理性》，简学、简丁丁译，浙江教育出版社2023年版，第40页。

② 知识是智慧的第一境界，方法是第二境界，（伦理）目标是第三境界。焦国成：《智慧四境界说》，载《晋中学院学报》2010年第4期。

③ 周国平：《西方哲学史讲义》（上），深圳出版社2023年版，第229–230页。

类对法现象进行观察、反省形成的观念材料，再经过理性的加工和法律实践的不断检验，以及不断升级的高级理性的循环"锻造"，产生法学知识，并且在不断的概念化、类型化的加工下形成"系统"，成为康德意义上的科学。广义的法学知识卷帙浩繁，既包括概念、原则、命题、规范、体系等认知理性意义上的法学知识，也包括工具理性属性的法学方法，无论是法学知识还是法学方法都蕴含着人类追求良法善治的实质理性——法律价值，知识、方法服从于法律价值，服务于法律价值。

作为法律理性中认知理性的法学知识记载于法律之中，成为形式主义的、理性的制定法，知识与法律实现了结合，构成法律理性发挥科学功用的"科学技术"的主体内容。在法典化的法律体系下，法典几乎就是一部法学著述，这是作为社会科学一员的法律科学最为独特和迷人之处。在法律科学诞生过程中，法学著述就曾经作为法律渊源，公元前3世纪罗马法学家公开进行法律解释活动，"无论是法学家的解释，还是他们出版的作品，都能够成为法律渊源"[①]。426年罗马颁布《引证法》(Citation-Statute)[②]赋予五大法学家的著作以法律效力，东罗马皇帝优士丁尼则赋予《学说汇纂》以法律效力。法律科学发展到形式主义理性法学知识体系阶段，理性的法学

---

① [意]洛伦佐·伽利雅迪:《法律科学的诞生》，赵毅译，载《求是学刊》2016年第3期。

② [瑞典]亚历山大·佩岑尼克:《法律科学：作为法律知识和法律渊源的法律学说》，桂晓伟译，武汉大学出版社2009年版，第12页。

知识为科学立法构建了坚实的基础，知识被制定法所记载，制定法逐步趋向理性法，法律与法学知识同步趋向完善和丰富。

法学知识成为法律既有利于法学智慧的集成，也有利于法律的传播，消除了法律的神秘主义，展现出法律科学的独特魅力。制定法颁行后，法学研究者的法解释著述成为与制定法同等重要的解释书，知识和法律不分彼此，相辅相成。也因此，在这样独特的发展过程中，法学家参与立法是常态，法学家的创见成为法条是幸事。相反，不符合理性的法学知识和记载该知识的法律也是“同命运，共进退”，“非理性”的知识与法条都会随着法律科学的不断成熟而被淘汰出局。

（二）体系化的法学方法

能力是在知识基础上更高一级的智慧境界。法律职业的专业能力是解决疑难、建立秩序、致力公正，要具备这样的专业能力，就必须有正确运用才智的能力。如果说法学知识是理性认识的成果，法律职业能力就是正确运用理性的才智能力，这就需要系统的法学方法。

法学方法本身也是法学知识，法学方法论是法学的重要组成部分，欧洲法典化运动之后，尤其是“二战”结束以来，法学方法论越来越受到重视，一系列重要的著作陆续问世。例如，德国卡尔·拉伦茨《法学方法论》、日本渡边洋三《法社会学与法解释学》、石田穰《法解释学的方法》、杨仁寿《法学方法论》、梁慧星《民法解释学》等。[①]综合分析各种关于法学方法的研究成果，法学方法基本上专指法律解释方法，解释对象包括实体法和程序法，其中一些方法也可以用于解释法律行为，但另有不同于法律解释方法的专门解释法。笔者根据逻辑、经验、价值三分法，将法学方法分为语义分析法、逻辑分析法、历史分析法、社会学分析法、价值分析法，分别对应为逻辑法、经验法、价值法。

1. 逻辑法

作为法学方法的逻辑法主要是语言逻辑和实践逻辑，属于客观分析方法，是法学方法中运用最多的方法。

（1）语义分析法。语言文字是专属于人类的智慧成果，是人类逻辑的语言表现，语言造就逻辑，“逻辑的形成，除了因为生存的需要以外，还有一个重要的原因，就是语言”，“语法上的主谓结构造就了逻辑上的因果范畴”[②]。语言文字是逻辑的，通过对语言文字的语义分析所得到的结论是客观的，在时空确定的条件下，直接读取法律的语义可以得到稳定的、确定的结论。如果法律真意不能通过法律的语义直接读取，在语义分析之外还有专门的逻辑分析法、经验解释法。当遇到法律漏洞时，可以通过立法目的、法律价值等途径弥补法律的漏

---

① 梁慧星：《裁判的方法》，法律出版社2017年版，第4页。

② 周国平：《西方哲学史讲义》（下），深圳出版社2023年版，第408页。

洞。语义分析与法学上的新老修辞学不同，后者是说服的艺术，被认为是“通过美的幻相欺骗人的艺术”①，在裁判中没有适用价值。

（2）逻辑分析法。以演绎法为核心的逻辑方法是人类与生俱来的智慧，是现代科学的重要科学方法，作为法学方法的逻辑分析法是应用逻辑，区别于“普遍纯粹逻辑”或称为“形式逻辑”。近现代形式逻辑发展成为纯粹理论学科，甚至是完全用数学符号表达的数理逻辑，不能转化为应用逻辑，特别是不能直接当成法律逻辑，②用于解释法律或法律行为。应用于法律和法律行为解释的逻辑分析方法早已发展成熟，形成了包括体系解释（当然解释、反对解释、整体解释等）、法意解释、目的解释、法系解释等在内的成熟、有效的解释体系，③运用于解释法律行为时，可以做到最大限度地逼近事实真相，固定法律真实；运用于解释法律时，可以做到准确地阐释法律的实质理性，再通过逻辑推演形成稳定的、可预期的法律结论。逻辑分析方法本质上属于工具理性，即“法律逻辑不是法律的实质内容来源，而是一种法律思维的工具”④，凭借合法、有效的解释工具（方法），法官在解释法律行为时仅对法律真实负

① ［德］康德：《判断力批判》，邓晓芒译，人民出版社2002年版，第172页。

② 舒国滢：《法学的知识谱系》，商务印书馆2021年版，第1341页。

③ 杨仁寿：《法学方法论》，中国政法大学出版社1999年版，第2章。

④ ［奥］伊尔玛·塔麦洛：《现代逻辑在法律中的应用》，李振江等译，中国法制出版社2012年版，第1页。

责，不穷究绝对真相；在解释法律时仅对法律真意负责，不穷究绝对正义。逻辑分析方法还是连接法律与法律行为的思维工具，通过三段论形成法律结论，并对法律结论负有逻辑的责任。

2.经验法

法学方法中的经验法指历史分析法和社会学分析法，也是客观分析方法，是对逻辑法的补充。

（1）历史分析法与社会学分析法都是对经验材料的分析。历史分析法、社会学分析法都属于经验方法，是从人的感觉经验出发，以通过感性观察获取的数据（广义的data）为基础来认识世界。法律学科的研究首先关注的是法条，关注裁判规范，关注活法（“将法律文件当作活法的一部分……从文件的内容中获取活法”①），然后关注法条背后的社会生活。历史分析法通过对民族生活的事实和背景的观察获得经验材料，以期准确把握法律真意，因为法条和法律制度是“从整体的民族生活、从整个社会体制和经济体制中成长而来的”②；社会学分析法通过对法律实施效果的观察获得经验材料，以法律所承载的社会目的作为考量的标准，③借此获得法律真意。由于对感性观察的归纳，“非常频繁地以闪电般的速度无意识地

① ［奥］欧根·埃利希：《法社会学原理》，舒国滢译，中国大百科全书出版社2009年版，第522-556页。

② ［奥］欧根·埃利希：《法社会学原理》，舒国滢译，中国大百科全书出版社2009年版，第525页。

③ 杨仁寿：《法学方法论》，中国政法大学出版社1999年版，第134页。

进行着”，“也是极其肤浅、极其不讲章法的归纳”，“随后的演绎或者理想化加工才进入人的意识，才产生归纳的科学”①，因此，历史的、社会学的经验分析方法也需要遵循科学理性思维方式，即“不以单纯的观察为满足，而要拿着一个合理的原则去分析和综合这些经验材料，把它们统一起来，放到合适的位置上组织成系统，从而抓住普遍必然的本质”②。经验与经验法则不能画等号，通过感性观察获得的只是经验材料，理性加工方能使经验材料升华为作为法律科学一部分的经验法则。

（2）历史分析法、社会学分析法是对逻辑法的补充。历史分析法、社会学分析法相互关联，这是因为“法条所援引的事实几乎毫无例外地属于历史学和人种学的资料……然而，就其基本思想看，连人种学的法律科学也是历史学的”。“法律史首先负责任地为法社会学提供资料。”③以作为法学方法的历史分析法观察民族生活，目标是观察民族的法律生活，社会学分析法观察法律的实施效果，不能脱离法条、法律制度以及人类法律制度中的共同规则。因此，资料的客观性决定了历史分析法、社会学分析法仍然是客观的法学方法。在解释法律时，当常用的语义分析法、逻辑分析法不能完全确定法律真

---

① ［奥］欧根·埃利希：《法社会学原理》，舒国滢译，中国大百科全书出版社2009年版，第522–523页。

② ［法］笛卡尔：《谈谈方法》，王太庆译，商务印书馆2000年版，第xxvii页。

③ ［奥］欧根·埃利希：《法社会学原理》，舒国滢译，中国大百科全书出版社2009年版，第524–525页。

意时，就需要运用历史分析法、社会学分析法。申言之，法律对历史与社会的反映记载于法规范之中，如果语义分析、逻辑分析在解释法规范上能够自足，能够实现法的目的，就不再需要诉诸历史分析和社会学分析。反之，当逻辑法需要补充时，则必须求助于能够对经验的观察进行理性加工并实现升华的历史分析法和社会学分析法。

3. 价值法

价值分析法是法学的社会科学本质所决定的分析方法，因为社会科学研究人、人的行为、人与人之间的互动关系，人既是研究主体，又是研究客体，[①]必然存在“人评价人”的价值判断。

（1）价值分析方法的本质。法学的价值导向思维[②]始终存在于立法、释法、用法之中，“立法者想通过规范来调整特定的生活领域，通常会受到基于特定价值判断之上的调整意图、正义考量或者合目的性考量的引导”。“要理解法规范，就必须发掘其中所包含的价值判断及其作用范围。”[③]法规范中的价值与人类社会普遍的价值存在一定的区别，主要限定在“人权、秩序、自由、正义、效率”等特定范围内，这是因为

---

① 乔晓春:《中国社会科学离科学还有多远》，北京大学出版社2017年版，第160页。

② ［德］卡尔·拉伦茨:《法学方法论》（第6版），黄家镇译，商务印书馆2020年版，第276页。

③ ［德］卡尔·拉伦茨:《法学方法论》（第6版），黄家镇译，商务印书馆2020年版，第276–277页。

“按照一般的价值观念，人身安全、人格尊严、社会的公共福利、经济的可持续发展、善良风俗的维持、环境的保护与改善等，都是美好的和值得珍视的，都是有价值的。其中，人权、秩序、自由、正义和效率，在现代社会更是备受重视的基本价值”①。通过对这些基本价值进行法律理性的抽象加工，形成具有拘束力和产生法律后果的法条，法规范价值才得以“形式化”“可操作”，并得以固定下来。价值属于哲学范畴，上述各个基本价值也是各种“加字哲学”“诸种哲学”②的范畴，因此，价值分析方法属于哲学分析法。

（2）价值分析方法的“客观化”。尽管价值本身不能与人类的感性相隔绝，但作为法学方法的价值分析是法律理性运行的过程，要循着“客观化”的方向发展，这是对价值分析方法的内在限制，也是对法律人释法的约束。法律人不能感情用事，纵然“日常生活中到处充斥着这种纯粹‘感情性’评价，甚至在政治辩论乃至法庭辩论中也难以完全排除。但法律人的任务恰好在使价值评价‘客观化’”③。笔者认为，要实现价

---

① 张文显主编:《法理学》(第5版)，高等教育出版社、北京大学出版社2018年版，第311页。

② 加字哲学是更加具有对象性、地域性、经验性的哲学，区别于形而上学。王路:《形而上学与元宇宙》，载《读书》2022年第6期。胡塞尔区分“诸种哲学”与“哲学本身”，前者是复数；后者是单数，指“唯一哲学”。何卫平:《关于“创造的解释学”——从“哲学的经验”角度重新思考傅伟勋提出的问题》，载《天津社会科学》2022年第5期。

③ [德]卡尔·拉伦茨:《法学方法论》(第6版)，黄家镇译，商务印书馆2020年版，第368页。

值分析方法的“客观化”，克服“非理性”，防止滥用法律解释权，必须限定价值分析的对象范围并“客观化、具体化”评价标准。

价值分析的对象主要是法律中的“不确定概念”，比如“重大过失”“合理期间”“适当方式”等，或者是“概括概念”，比如“诚实信用”“公序良俗”“情势变更”等。此外，就是法律价值不足，包括价值不当、价值缺失、价值迟滞等法律适用中的疑难问题。对于“恶法”的纠正则不属于法律解释，不能依靠价值分析。

“客观化、具体化”评价标准首先要求在价值导向思维中运用逻辑的、经验的分析方法确定法规范中的法律价值，最大化地实现对法条解释的自足；其次要以本条款、本法的基本价值、法律体系中的相关价值、上位法尤其是宪法的价值作为评价标准，充分发掘制定法内的价值标准；最后运用习惯法、法理（“普遍的法律思想”）、被承认的主流价值（如“主流的社会道德”①）、法秩序的强制要求（如公共秩序的维护）寻找制定法外的评价标准。三个步骤是循序渐进的，不能跨越，不能撇开法规范到法的基本原则中去寻找标准，也不能撇开法律的内在价值去寻找“制定法外的价值标准”②。

---

① ［德］卡尔·拉伦茨：《法学方法论》（第6版），黄家镇译，商务印书馆2020年版，第366页。

② 舒国滢：《法学的知识谱系》，商务印书馆2021年版，第1128页。

价值分析的“客观化、具体化”是为了保证价值分析方法符合法律理性的要求，以最大限度保证价值分析方法的确定性与稳定性，防止“价值疑问”[①]。作为法学方法论的评价法学或者“价值评判法学”恰恰是以价值为纲评价司法活动，是行之有效的重要法学方法。评价法学和法律论证[②]方法相结合，为价值分析方法的“客观化”以及尽可能消除“价值疑问”提供了最后一道防线。

（三）与时俱进的法学目标

1.追求良法善治的目标

法学的目标与法律的目的是统一的，离开了法律的目的就不可能理解法律。[③]耶林认为：“目的是全部法律的创造者。每条法律规则的产生都源于一种目的，即一种实际动机。”[④]这是对法律目的性的直接概括。先有法，后有法学，但法学的目标对法律的目的产生规定性，有什么样的法学目标，就有什么样的立法创制。法学成为独立学科通常认为是从19世纪中期英国法学家约翰·奥斯丁的分析法学开始。分析法学以“主权、命令、制裁”三位一体的制定法为研究对象，认为法律的

---

① 德国法学家哈利·韦斯特曼对“法外价值评价标准”的担心。舒国滢：《法学的知识谱系》，商务印书馆2021年版，第1128页。

② 关于法律论证，参见本书“法律理性价值法则”部分的阐述。

③ 沈宗灵：《法理学》，台北，五南图书出版公司1994年版，第63页。

④ Jhering, law as means to an end.转引自［美］E.博登海默：《法理学：法律哲学与法律方法》，邓正来译，中国政法大学出版社2004年版，第115-116页。

目的是“最大限度地为人类谋求幸福”[①]。分析法学虽然主张“恶法亦法”，但基于人类“共同福利”的功利主义立场，针对纳粹德国的不义法律也同样认为“这是法律，但它太邪恶了，以至于我们将拒绝适用”（哈特语）。自然主义法学则直截了当地认为法律“应当”具有的价值与“现实”必须体现的价值是不可分的，“缺乏道德的法律根本不能称之为法律”（富勒语）。无论功利主义还是自然主义，法学所追求的价值立场既决定法学的目标，也决定制定法的目的。

纵观法学的历史，追求在法律基础之上的理想的社会之治，建设法律的“山巅之城”，实现良法善治，一直是法学发展进步的方向。中华法系从诸子百家对“以法治国”“以德治国”的探索与“齐之以刑”“齐之以礼”的争议开始，到“独尊儒术”，以礼入法，“明儒实法，兼用黄老”的千年法律实践，再到近现代学习、研究、移植西方法律思想与法律制度，一直在寻找能够让法律与道德均衡发力的理想治理模式，以实现“使天下皆出于治，合于善”[②]。西方法学的历史从寻根古希腊到复兴罗马法，再到18世纪以降的各种法学流派的各领风骚，始终围绕一个“总体目的”，即创制符合“公共善”的理性的法，是“为了指导行为，或是为了整合以公共善为目的的行动，或是

① 张文显：《当代西方法学思潮》，辽宁人民出版社1988年版，第51页。
② 瞿同祖：《中国法律与中国社会》，中华书局2003年版，第336页。

为了寻求正义，或是为了授权强制”[①]，以期实现符合“善”的社会治理。无论是“以礼入法”还是创制符合“公共善”的理性法，法律的目的都离不开法的价值，都追求以良善的法实现良善的治。实现良法善治的价值目标，构成法学稳定的实质理性。

法律的目的是实现良法善治，良善构成了法律基本的实质理性，法学的目标就是发现和创制符合良善的实质理性的法。因此，在本体论上，法学的目标就天然地包含着平等、秩序、安全、自由、共同福利等人类的价值观；在认识论上，实现法学的目标就天然地需要运用价值评价的武器。关于法律与价值之间关系的研究汗牛充栋，其中对秩序、安全、自由等基础价值观念的阐释和法律实现方式的研究构成了制定良善之法的基石，在这些基石之上再添增效率、利益、福利等其他法律价值“材料”，一个符合良善目的的法律主体框架即告完成，剩下的工作就可以交给“科学法”去继续“施工”，用概念、命题、规则、类型、体系等“砖瓦材料”完成法律的创制。

2.具备与时俱进的品格

创制良善的法，在法律中完备地体现人类的价值观，实现良法善治，是法学不变的目标，也因此，法律的价值必须随着人类社会发展的步伐，与时代精神同声相应，同气相求，与时

---

① [英]哈特：《法律的概念》(第3版)，许家馨、李冠宜译，法律出版社2018年版，第23页。

俱进。

法律价值在法律实施中检验和发展。第一，法规范中的法价值要在法律实施中确定。就法规范来说，并非所有的法规范都体现法律价值，体现法律价值的法规范也需要通过解释固定其中的法律价值，如果存在复数价值，则需要通过特定的解释规则确定其价值位阶，分清楚哪种价值更为优先。第二，需要通过法律实施来评价法律效果，评价法律的实施效果[①]能否实际达到预期"建筑设计需要"，检验法律实质理性能否得以践行。法律实施的过程也是法律评价的过程，既检验着法律的治理效果，也检验着法律本身的立法品质。第三，法律实施是发现法的价值缺位的唯一途径。法律无论如何完备，都不能完全覆盖高速发展的现代社会，法律实施不仅能够发现法的价值缺位，还能够按照人类社会发展进步的时代精神填补法的价值，及时克服法价值的滞后性，保证法的实质理性与人类社会发展进步同频共振。

法律评价在法的与时俱进中发挥着重要的作用。法律评价是以法律的价值为标准评价法律实施效果并进而评价法律本身"科学性"的法学"科学实验"，办案、法律论证和案例研究是其主要的运行方式，为法与时代精神相同步提供进路。在法律实施中，执法办案占据核心位置，"法学及司法裁判的

① 法律的社会效果与法律的功能实现是一致的。[英]约瑟夫·拉兹：《法律的权威》（第2版），朱峰译，法律出版社2021年版，第204–208页。

特质正在于它‘几乎完全是在与价值判断打交道’”①，评价法学主张的“司法判决应该适用法律的价值判断，而不能根据法官自己的价值判断来作出”②，即准确反映了执法办案中要以法律价值为标准。通过法律评价，在无损法的形式与安定的同时，可以有效实现法的与时俱进，有效克服形式主义造成“法学与法的社会现实、政治现实和道德现实分道扬镳”③。

三、法律理性的应用法则

法律实践的主要方式是法律的实施，法律理性的应用性在法律实施中表现为具体的应用法则，体现着法律理性的客观、具体、确定、可检验的科学本质，有效发挥着指导法律实践，引导裁判形成的重要作用。

（一）第一性法则

法律理性的知识、方法、价值是法律实施的第一依据，无论执法、司法都必须体现法律理性，不能跳过，不能无视，不能穿透，未经法律理性审视的法律实施本质上不具有合法性。此为法律理性应用的第一性法则。

---

① ［德］卡尔·拉伦茨:《法学方法论》(第6版)，黄家镇译，商务印书馆2020年版，第277页。

② ［德］卡尔·拉伦茨:《法学方法论》(第6版)，黄家镇译，商务印书馆2020年版，第159页。

③ ［德］卡尔·拉伦茨:《法学方法论》(第6版)，黄家镇译，商务印书馆2020年版，第34页。

作为人类理性认识法律现象的成果，法律理性凝聚着法律之治的高级智慧，记载着无数法学天才人物的发现和创造，无论是形式主义理性的、科学的法典，还是卷帙浩繁的、经验的判例法，虽经时代变迁而渐变、调整，但其根本智慧不曾动摇。作为认知理性的知识不会走向反智，作为工具理性的方法不会走向失智，作为实质理性的价值不会走向失德。历史证明，要将“法官从法条中解放出来”①的自由法运动，冲击不了法律理性；“立法者改动立法中的三个字，所有（法学）图书馆就会变成废纸堆”（冯·基尔希曼语）的“法学作为科学的无价值性”的观点，动摇不了“民族的理性”（温德沙伊德语）；未经正式法学训练的“业余社会科学家”②代替不了法律之师。落实第一性法则，是法律实施的第一步骤，任何一个裁判者在面对案件时都必须老老实实回答本案应当适用的法规范、法方法与法价值，不回答这些法律理性的要求径行作“穿透式裁判”，“能动式适法”，则背离了法律理性，无异于反智、失智、失德。第一性法则是法律理性应用的根本法则，奉法者必须诚实遵循。

（二）确定性法则

法律理性作为执法、办案的第一依据，其各项内容在法律

---

① ［德］赫尔曼·康托洛维茨：《为法学而斗争》，雷磊译，中国法制出版社2011年版，第47页。

② 舒国滢：《法学的知识谱系》，商务印书馆2021年版，第53页注释部分。

实施中必须是确定的，执法者在办案中必须将案件所依据的法规范（法知识）、法方法与法价值予以确定，并将之与确定的法律事实相结合，进行合乎法律逻辑的推演，导出法律后果。此为法律理性的确定性法则。

确定性法则要求“四确定”：一是事实确定，即运用工具理性确定法律真实，为正确推演法律后果奠定事实基础；二是法规范（法知识）的确定，即找法和把握法背后的法知识，为案件的争议焦点、冲突权利寻找、确定应予适用的法律依据，对法条竞合、法律抵触、法律缺失等特殊情形，能够依照法学方法准确处理；三是方法确定，即按照法学各类方法的性质与具体要求，按照适用次序，运用于解释法律，确定法律真意；四是价值确定，即运用法律评价在法律真意中确定法律的价值目标，将法律的价值追求贯彻到法律实践中，实现良法善治。掌握“四确定”是法律职业者的基本功，法科学生要熟练掌握“四确定”的方法，比如用请求权基础确定适用案件的法条，用法解释学确定法律真意与法价值，用证据法确定法律真实等。法律职业者在寻找、确定法规范（法知识）、法方法、法价值时，要贯彻穷尽原则，不能挂一漏万，或半途而废。确定性是法律实施的准备，不具有终局性，法律职业者运用合法、有效、妥当的法学方法解释法律行为时，对法律真实负责，解释法律时，对法律真意负责，余下的工作将交由法律逻辑思维继续“运行”，以得出可预见的法律结论。

（三）进阶性法则

法律理性中的法学方法是体系化的、次序性的，无论是用于解释法律，还是用于解释法律行为，都要像“爬楼梯”一样分梯级，按顺序，步步推进，不允许“跨栏式”，“撑杆跳”。此为法律理性的进阶性法则。

进阶性法则包含层级原则和优后原则，前者针对不同层级的方法，后者针对同一层级的方法。法学方法体系中的逻辑法、经验法、价值法是不同顺位的方法，在法律实施中要按照顺位依次采用，层级分明。按照确定性法则，能够通过逻辑法解释、确定的，不必诉诸经验；能够通过经验法解释、确定的，不必诉诸价值。运用前一顺位的法学方法未奏效，或者得出相互矛盾的复数结论时，才能诉诸后一顺位的法学方法。价值法是最后顺位的法学方法，具有漏洞补充的作用，不能越俎代庖，不能越过逻辑法、经验法，直接诉诸价值法，以免因执法、司法者个人的情感、价值偏好影响正确贯彻法律价值。这正如卡尔·拉伦茨所主张的：“法律人通常不应采取可疑的、直接诉诸最终或最一般的原则的方法，来获取其追求的正当裁判，而是应该循序渐进地进行。”①

同一顺位的法学方法中存在复数方法或者不同标准的，

---

① ［德］卡尔·拉伦茨：《法学方法论》（第6版），黄家镇译，商务印书馆2020年版，第199页。

也有优先和劣后之分。逻辑法中的语义分析方法居首，优先于体系解释、法意解释、目的解释、法系解释等法学方法。关于语义分析是否优先的问题，也有学者主张文理解释（语义分析，又称为文义解释）可以与论理解释（逻辑分析方法）“恒观情事之所宜，酌用两种解释法”，但以“法文与法律真意矛盾之时用之”[①]为条件。反观该条件，如果当语义分析可以确定法条的文义（“法文”）即法律真意时，论理解释等方法就不必再应用了，因此上述见解可视为语义分析方法优先适用的另一种表述。除语义分析之外的其他逻辑分析方法都是论理解释，应当综合“论理”，运用上不分优后，但要围绕法律的目的，以目的解释为核心，即所有的逻辑解释都为了发现、确定法律的目的，解释的结果不能与法律的目的相违背。

经验法是对人种的、民族的、历史的、现实的现象进行观察形成的经验“数据”的归纳，再通过理性认识形成“假说”，往返进行经验事实的验证、修正，最后才能确定法规范的内容和其中包含的法律价值。经验产生的“数据”是客观的，也是平等的，因此经验法的运用不存在优后次序问题。

价值法是单一的法学方法，但价值标准存在多元、多义，对于多元、多义的价值标准在法律实施中必须确定其一元与

---

① 论理解释与文理解释相对应，后者等同于语义分析或者文义分析。文理解释优先于论理解释，但当文理解释与法律真意不符时则不受此限。[日]富井政章：《民法原论》，陈海瀛、陈海超译，中国政法大学出版社2003年版，第64–67页。

一义，才能保证法律实施具有安定性与可预测性。这要诉诸价值性法则。

（四）价值性法则

法律的目的在于体现和保护人类所珍视的、符合“公共善”的各类价值，法律理性的所有应用法则都是为了保证法律的价值真正贯彻到法律实施之中，发挥法律的治理效能，实现良法善治。此为法律理性的价值性法则，该法则居于法律理性应用法则的终极地位。

以法律价值为目的是法律理性价值性法则的核心要义。关于这一点，耶林阐述得最为精湛，他认为，“目的是全部法律的创造者”[①]，“每一条法律规则都有旨在实现法律秩序某种价值的目的”[②]。确实，法律从创制到实施，以法律价值为目的贯穿法律生命的始终。价值性法则的终极地位源于法的最终追求是贯彻法律价值，实现良法善治，法官办案“即便是先在制定法中寻找案件的解决方案，但是对他来说，获得一个伦理上可以被视为正当的结论才是最重要的”[③]。遵循法律价值的目的性要求，在法律创制上，立法者要做到有目的地创制符合

① ［美］E.博登海默：《法理学：法律哲学与法律方法》，邓正来译，中国政法大学出版社2004年版，第115–116页。

② ［美］E.博登海默：《法理学：法律哲学与法律方法》，邓正来译，中国政法大学出版社2004年版，第202页。

③ ［德］卡尔·拉伦茨：《法学方法论》（第6版），黄家镇译，商务印书馆2020年版，第197页。

时代精神和民族理性的法律，保护“国民的社会生活条件”，以及“所有那些被国民判断为能够给予生活以真正价值的善美的和愉快的东西”[①]。立法目的要鲜明，价值取向要清晰，要力求制定法的语义与法律的价值目的严丝合缝，不生歧义；法律实施中贯彻以法律价值为目的，集中体现在执法者、司法者要通过法学方法确定与适用立法者记载于法律中的价值，让法律价值实现“给予生活以真正价值的善美的和愉快的东西”的目的，让写在纸上的法律成为“活法”。就司法裁判而言，法官发现、确定并贯彻法律价值是办案的重中之重，“法学及司法裁判的特质正在于它‘几乎完全是在与价值判断打交道’”[②]。评价法学提出的“司法判决应该适用法律的价值判断，而不能根据法官自己的价值判断来作出”[③]的主张，可视为对法官在办案中贯彻法律价值裁判的职业要求，应当上升到法官职业伦理的高度。

法律价值作为法律理性中的实质理性，以法律价值为目的意味着以实质理性为目的，法律理性中的认知理性、工具理性都要服从于实质理性，服务于实质理性。以法规范、法知识

① ［美］E.博登海默：《法理学：法律哲学与法律方法》，邓正来译，中国政法大学出版社2004年版，第117页。

② ［德］卡尔·拉伦茨：《法学方法论》（第6版），黄家镇译，商务印书馆2020年版，第52页。

③ ［德］卡尔·拉伦茨：《法学方法论》（第6版），黄家镇译，商务印书馆2020年版，第53页。

为表现形式的认知理性，需要先揭示、确定其中的实质理性，才能将法律价值有效贯彻于法律实施之中，执法者、司法者不仅要“知其然”，还要“知其所以然”；以法学方法武装起来的工具理性，其任务就是解释、确定记载于法规范、法知识中的实质理性，为实质理性的登场搭好“梯子”，做好铺垫；法规范中的形式理性是实质理性的形式化，具有具体化、外观化、标准化的特征，典型的形式理性有期限、期间、时效、要式、登记等表现形式，遵守形式理性就是贯彻其背后的实质理性；在法资源不足，认知理性供给匮乏的情况下，执法、司法者也必须寻找恰当的实质理性，以保证法律实施的合目的性。不能体现实质理性的法律实施是不理性的，不具有法律实施的合目的性。

四、法律理性奠定了法律科学的科学性

法律科学与其他社会科学一样，与关于现代科学的普遍性认识相比存在不同程度的差异，但这并不妨碍法律科学与其他社会科学一样具有“科学性”。尤为重要的是，法律科学的理性构成和实际功用，决定了法律科学相比其他社会科学更加贴近于现代科学。通过对法律理性的分析，可以发现，法律理性是法律科学的科学根基。

共同的理性决定了法律科学的科学内容。通过上述对现代科学的观察，我们可以清楚地认识到现代科学既是科学知

识，又是科学方法，还是科学价值，它们都是人类理性认识世界的产物。法律科学作为人类理性认识法律现象的成果，其包含的法学知识、法学方法和法学价值等法律理性的构成，也与科学具有共同的理性本质。这是法律科学具有科学性在本体论上的根本逻辑。

追求理性的成文法保证着法律科学的理性含量。法律科学的法条化是其区别于其他社会科学的显著特征，法律科学的知识和方法都可以记载在法条之中，形成成文法。虽然成文法与具有“超越性”的理性法不能完全画等号，但成文法一直都以尽可能合乎自然理性、民族理性为目的，以理性法为标杆，“鞭策它们（成文法，作者注）趋向于较一般及较合于理性的目的”①，趋近理性法。法律科学的这种独特之处决定了其追求理性的不变方向，也保证着法律科学能够不断增加其理性含量。

广泛、有效的科学功用展现出法律科学指导实践的科学力量。法律科学具有科学的本质，也同样具有科学的功用，可以指导法律实践，实现公平正义。从立法、执法、司法到法学教育，法律科学的作用几乎无处不在。总体来说，法律实践的过程是认知理性、工具理性、实质理性及作为实质理性具体化、标准化的形式理性共同发挥作用的过程。认知理性在科

① ［意］密拉格利亚：《比较法律哲学》，朱敏章等译，中国政法大学出版社2005年版，第206页。

学立法中是基础，没有科学的法学知识大厦，不可能建立科学的法律大厦；工具理性在司法中是法律适用的基础思维，不运用正确的法学方法，既不能辨别是非曲直，也不能掌握法律真意；实质理性是保证所有法律实践“向善”的根本，没有实质理性的“举旗定向”，立法将失去目的性，裁判将失去标准，法学教育也将因失去价值与方向而变成研读法条的“咬文嚼字”和“纸上谈兵”。

法律科学指导法律实施是其发挥科学指导力的常态化方式，是法律科学通过法律评价实现科学功用的重要途径，法律科学在法律实施中的作用细致展现为法律理性的应用法则，对实践具有既指导又约束的双重功能。法律科学的应用过程也是法律科学的“科学实验”，观察这些科学实验，既可以检验法律科学指导法律实践的实际效果，也可以反向检验法律科学的“科学性”，具有双向检验的意义。

第五章　作为科学应用的法律评价

法律如何实施，实施的效果如何，法律中的价值能否符合时代发展的需要，都要在法律实施这个场域中通过法律评价的方法来实现和检验。法律科学的应用就是通过法律评价的方法贯彻法律理性。

一、法律评价的认识

（一）法律评价是为了确定法律的价值

法律无论是写在法条里，还是写在判例里，都是为了应用，为了实现法律的社会功能。约瑟夫·拉兹总结法律有四大功能：防止有害行为和保障无害行为、为个人间的私人安排提供便利、提供服务和再分配福利、解决法无规定的争议，[①]每

① ［英］约瑟夫·拉兹：《法律的权威》（第2版），朱峰译，法律出版社2021年版，第204–208页。

一项功能的实现都需要法律本身具有这样的法价值，具备法价值是法律功能的源头。法价值既指法律保护和促进的美好的东西，又指法律所包含的价值评价标准，“在西方法学文献中，人们时常在价值评价标准意义上使用‘法的价值’这一术语。在许多场合，讨论法的价值问题就是讨论法律评价的标准问题”①。因此，法律评价就是为了发现、固定法律价值，确定法律评价标准，为法律的正确实施做好应用标准上的准备。

（二）法律评价是为了应用法律价值

“价值”一词同时具有名词和动词两种属性，当动词使用时其意思是“评价”②，法律评价在法学方法论上具有重要意义，作为法学说和法学方法论的“评价法学”构成法律评价方法论上重要的理论来源。19世纪末至20世纪初期出现的利益法学主张法官从个案的利益衡量中填补法律漏洞，该学说对制定法和法律的发展都具有认识论上的重要价值，对司法裁量更具方法论上的意义。由于利益概念的多义性和冲突利益之间的优劣序列等困惑得不到很好地解决，评价法学应运而生。评价法学主张“司法判决‘应该适用法律的价值判断，而不能根据法官自己的价值判断来作出’”，因此评价法学又被

---

① 张文显主编：《法理学》（第5版），高等教育出版社、北京大学出版社2018年版，第311–312页。

② 张文显主编：《法理学》（第5版），高等教育出版社、北京大学出版社2018年版，第311–312页。

称为“价值评判法学”①。评价法学或者“价值评判法学”以价值为纲评价司法活动，是迄今为止仍然行之有效的重要法学方法。因此，法律评价的第二层意义是应用法律价值，为法律的正确实施做好应用方法上的准备。

（三）法律评价是为了检验法律价值

法律评价既是评价标准，也是评价方法；评价的对象既是法律实施（主要是裁判）的效果，又是法律本身的立法品质；评价的终极目标是检验法律价值能否实现，能否达致预设的目标——法律功能，并推动法律不断完善。这个过程是法律实践检验法律理性成果的过程，与自然科学中通过科学实验来检验科学假说异曲同工，本质相同。大陆法系国家在制定法中预设了法规范的价值，英美法系以先例为法律，也需要其先例中包含法律价值，这些法律价值必须被法律实践所检验。卡多佐在《司法过程的本质》中认为：“先例是我们法律中一种有生命力的力量。在经验的检验标准面前，那些不能证明自身价值和优势的先例，会被毫不留情地舍弃，扔进废物堆。”他引用的芒罗·史密斯的相关阐述更加清晰地认为：“为了以规则和原则明确表述社会正义观，法律调查专家所用的方法总是实验性的。判例法规则和原则从来不是被当作终极

---

① [德]卡尔·拉伦茨：《法学方法论》(第6版)，黄家镇译，商务印书馆2020年版，第159页。

真理，而只是作为权宜假说（working hypotheses），持续地在作为大型法律实验室的法院接受重新检验。每个新案件都是一个实验。”[①]虽然卡多佐引用这段话的本意是为了说明普通法不是从预设的普遍真理推导结论，而是以经验法从具体推出一般，但这段话清楚地表明了普通法的法律价值需要通过案件“推出”，法官裁判案件就是“法律实验”，这与大陆法系通过办案寻找“制定法上的评价标准”[②]并无二致。由此，我们可以总结出法律评价的第三层意义，即法律评价是检验法律价值的“科学实验”，为法律的持续完善提供实践进路。

二、法律评价的运行

法律评价的三层意义决定了法律评价在法律科学中具有科学功用的地位和作用，为法律理性在法律评价中的正确运行提供了程序和方法。

（一）确定法律评价的对象

法律评价的对象是法律、裁判以及其他奉法活动，尤以法律和裁判为主，前者是法律价值的主要载体，后者是法律价值的司法体现；前者是静态的法，后者是“活的法律”。评价法

---

① ［美］本杰明·卡多佐：《司法过程的本质》，王绍喜译，中国民主法制出版社2023年版，第9页。

② 舒国滢：《法学的知识谱系》，商务印书馆2021年版，第1127页。

律，核心是运用包括法院裁判形成的数据（案例）在内的全部法律实践的数据来评价法律价值的妥当性；评价裁判，核心是通过对法律价值的把握和社会效果的考量来评价裁判的正确性。

1.对法律的评价

法律科学的目标是创制良善的法，在法律中完美地体现人类的价值观，法律评价的对象是承载着法律价值的法规范，评价的目的是正确地解释、践行法律价值，弥补法律价值缺陷。

准确解释立法者在法规范中预设的法律价值，在裁判中正确适用法律价值，是最基本、最常态化的法律评价。立法者预设在法规范中的法律价值无论浅显、直白，还是隐晦、曲折，都可以通过逻辑法、经验法予以解释确定，并以此评价裁判的法律效果。针对制定法中出现的法律价值不当、价值留白、价值缺失、价值迟滞，法律评价具有价值填补的功能。

法律价值不当指立法自始采纳的价值不当，造成负面、反向社会效果。比如关于夫妻共同债务的认定，最高人民法院2003年发布的司法解释采用片面保护债权人的单一价值，[①]损害意思自治这一更高的法律价值，并且未顾及家庭关系对和谐、安定的要求，有害个体自由意志，显属价值不当。法律价

① 原《关于适用〈中华人民共和国婚姻法〉若干问题的解释（二）》第24条规定："债权人就婚姻关系存续期间夫妻一方以个人名义所负债务主张权利的，应当按夫妻共同债务处理。但夫妻一方能够证明债权人与债务人明确约定为个人债务，或者能够证明属于婚姻法第十九条第三款规定情形的除外。"该条司法解释已经废止，相关规则由《民法典》第1064条重新创设。

值留白指法律中的不确定概念、概括概念中的价值状态，是立法者有意留下的价值“留白”，方便法律规则灵活适用于多样化的法律生活。法律价值缺失则源于法律的滞后性，法律的滞后虽属于立法技术上难以避免的现象，但要通过法律评价及时予以补充，以避免法律价值长期缺位。比如关于胚胎的继承权，配偶单方放弃胚胎产生的损害赔偿请求权等，制定法中未作规定，法律价值得不到彰显，需要通过被普遍接受的生命伦理价值填补这一法律价值的缺位。[①]法律价值迟滞指制定法虽规定了相应的法律价值，但随着社会发展、时代进步，法律价值出现不足，不能完全体现公平正义，需要进行价值补足。比如，原《担保法》、原《物权法》规定担保人在承担了担保责任后享有追偿权，但未规定追偿权的来源和效力范围，担保人向债务人的抵押物行使优先受偿权得不到法院承认，担保人承担担保责任意味着消灭抵押权。在破产程序中，原本已经别除破产财产范围的抵押物，担保人一旦承担担保责任，抵押物就被作为破产财产进行分配。针对此种法律价值不足，《民法典》第700条增加担保人享有“债权人对债务人的权利”[②]的规定，明确了担保人追偿权的代位权性质（针对债务

---

① 关于胚胎可以被直系尊亲属继承并使用（江苏省无锡市中级人民法院），配偶单方放弃胚胎应当赔偿另一方的损失（江苏省南京市玄武区人民法院），法院在裁判中作了肯定性的裁决。现有制定法对此未作规定，因此属于对法律价值的补充。

② 《民法典》第700条规定：保证人承担保证责任后，除当事人另有约定外，有权在其承担保证责任的范围内向债务人追偿，享有债权人对债务人的权利，但是不得损害债权人的利益。

人的代位权，不针对共同保证人、物上保证人等第三人）。对追偿权在债权价值上增加了代位权价值，是《民法典》所作的价值补足，有利于平衡担保关系中各方的利益，实现更高层次的公正。

2. 对裁判结果的评价

裁判是法律评价的主要对象，通常情况下是运用已有的法律对裁判结果是否遵行法律进行评判，少数情况下也会运用到“法外价值标准”评价裁判的社会效果。对裁判的评价分为办案中评价与办案后评价。

办案中的法律评价通过法官的审判活动来进行，先是法官在办案中解释法律，获得法律真意（法律价值），作出判决；然后是上诉审、再审（或三审）法官解释法律，评价前审法官作出的判决。法律真意（价值）存在于法条之中，必须通过或简捷或复杂的解释方法（视解释对象的难易程度）来确定。根据透视主义①，一切认识都是解释，解释就是“置入价值”②，法官解释法律就是发现与确定法律中“置入”的法律价值。透视和解释具有多元性，对同一事物可以有不同解释，但法官解释的法律已经被立法者预先置入了确定的价值，法官解释法律应当是确定的、一元的。对此，博登海默指出，法律价值

---

① 这里的透视主义（Perspectivism），是尼采所主张的一种生命的、直观的认识，尼采的透视主义简单来说就是没有真理，只有解释。

② 周国平：《西方哲学史讲义》（下），深圳出版社2023年版，第410页。

“被整合进了作为审判客观渊源的宪法规定、法规以及其他种类的规范之中。法官们在解释这些渊源时，往往必须弄清楚它们得以颁布与认可所赖以为基的目的和价值论方面的考虑”①。

法官在办案中解释、适用法律，以法律中的法律价值作出裁判，以裁判结果来展现自己对法律的理解，性质上属于对法律的评价。法官通过不同审级之间相互进行的法律评价，既是对法律的评价，也是对裁判的评价。

办案后的法律评价是开放性的，任何人都可以发表见解，一般来说法律评价针对的是已经终审的裁判，但也可以对已作出初审裁判结果但未终审的裁判进行法律评价。法律真意（价值）存在于法律条文（或判例）之中，通过文理解释、论理解释，运用法学方法发现法律真意，是进行法律评价的重要前提，这离不开法学方法的训练。除此之外，法律评价还要运用到法律外部价值并将其作为评价标准，这对知识与经验的要求更高。可以想见，法学家群体是进行办案后法律评价的主要力量。

（二）确定法律评价的标准

法律评价的标准分为内部标准与外部标准。内部标准是制定法本身的法律价值，是立法者预设在法规范中的，凡是产

---

① ［美］E.博登海默：《法理学：法律哲学与法律方法》，邓正来译，中国政法大学出版社2004年版，第528页。

生法律后果的法规范都带有法律价值，需要通过法学方法来确定。外部标准是立法者“留白”时需要运用到的制定法之外的标准，也是在法律出现价值不当、价值缺失、价值迟滞时进行“价值填补”要运用到的外部标准。法律评价以内部标准的运用为主，以外部标准运用为辅。对评价法学作出重要贡献的德国法学家哈利·韦斯特曼在阐述评价法学时强调，评价法学是一种“制定法内的评价法学”，在不确定法概念上，可能涉及“法外的价值标准”，并认为“法外的价值标准”的法律拘束力和可利用性是成问题的且值得怀疑的。[①]韦斯特曼这种在内、外价值标准应用上的划分是准确的，对于韦斯特曼关于“法外价值标准”的担心，则可以通过法律价值的“客观化”来寻求解决之道。

1. 寻求法律价值的客观化

法律以价值为目的，价值具有主观性，但载入法律的价值与人类社会大量其他的价值相比应当更加客观和具体，法律实施的任务是力求将客观的、具体的法律价值适用于法律实施之中，拒斥价值上的相对主义。“客观化、具体化”法律的价值要从对象范围、评价标准入手。

首先，在对象范围上，能够通过逻辑法、经验法确定“客观、具体”的法律价值的法规范，不需要寻找“制定法外的价

---

① 舒国滢：《法学的知识谱系》，商务印书馆2021年版，第1128页。

值标准”，因此它们当然属于法律价值“客观化”之列。其次，需要进行价值分析的不确定概念、概括性概念和法律价值不当、价值缺失、价值迟滞等特殊法律适用情形，要优先寻找制定法内的价值标准，然后寻找“制定法外的价值标准”。前者主要包括本法的基本价值、所属法系中的相关价值、上位法尤其是宪法的价值，后者则包括习惯法、普遍的法律思想、被承认的主流价值等。制定法内的价值标准虽然不在具体法规范之中，但依然在制定法或其所属法系的立法目的之内，可以通过价值分析寻找确定，实现相当程度的“客观化”。比如前述所举的担保人追偿权的价值，原《担保法》、原《物权法》仅规定其具有债权价值，未规定代位权价值，担保人向债务人的抵押物行使优先受偿权得不到法院承认。针对此种法规范上的法律价值不足，不需要寻求“制定法外的价值标准”，可以通过适用《民法典》第700条和《关于适用〈中华人民共和国民法典〉时间效力的若干规定》第3条来确定担保人“提前”享有代位权①，合理解决纷争，实现价值均衡。最后，“制定法外的价值标准”本身不在制定法立法目的之内，具有较强的主观

① 《民法典》第700条规定：“保证人承担保证责任后，除当事人另有约定外，有权在其承担保证责任的范围内向债务人追偿，享有债权人对债务人的权利，但是不得损害债权人的利益。”《关于适用〈中华人民共和国民法典〉时间效力的若干规定》第3条规定：“民法典施行前的法律事实引起的民事纠纷案件，当时的法律、司法解释没有规定而民法典有规定的，可以适用民法典的规定，但是明显减损当事人合法权益、增加当事人法定义务或者背离当事人合理预期的除外。”通过适用该司法解释第3条即可以将《民法典》规定的追偿权的代位权效力向前推至“法律事实”发生之时。

性和不确定性，并且可能面临价值相对主义的挑战，因此要通过法律论证来确定，以减少不确定性，尽可能逼近“客观化”。

2.通过法律论证确定制定法外的法律价值

如果法律价值不在制定法及其相关法律体系之内，通过“客观化”的方法无法确定法律价值，评价法学所主张的“以法律价值评价裁判”就失去了源头。此时，需要一个特别程序去寻找制定法外的法律价值来解决法律问题。法学家们找到的特别程序即法律论证（legal argumentation），是一种“从事物本身出发，无须依赖制定法就能解决法律问题”的“全方位探讨程序”，可以“将所有从制定法之中或者制定法之外领域获得的对问题的正当解决有意义的观点都纳入考量”，以达到“形成共识”的目标。①法律论证起源于亚里士多德、西塞罗的论题术、论题学，在后来的发展中一般称为“法律论证”，也有人称之为“商谈”②，是“一种运用若干确定的普遍性立场、问题观点及论据”，开启问题的讨论，“引出真理性认识”的一种“特殊问题探究程序”③。法学家们围绕法律论证进行了一系列深入的研究，为法律论证提供了原则、程序、方法等方面的指

① ［德］菲韦格:《论题学与法学》，法律出版社2012年版。转引自［德］卡尔·拉伦茨:《法学方法论》(第6版)，黄家镇译，商务印书馆2020年，第192页。

② 舒国滢:《法学的知识谱系》，商务印书馆2021年版，第2、3章；［德］卡尔·拉伦茨:《法学方法论》(第6版)，黄家镇译，商务印书馆2020年版，第5章；［德］罗伯特·阿列克西:《法理性商谈：法哲学研究》，朱光、雷磊译，中国法制出版社2011年版，第Ⅱ部分。

③ ［德］卡尔·拉伦茨:《法学方法论》(第6版)，黄家镇译，商务印书馆2020年版，第193页。

引。在笔者看来，法律论证是为了寻找、确定“制定法外的法律价值”，以解决制定法“价值缺位”情况下的法律适用中的疑难问题，这在应用法学中属于高端应用，要在真实、准确的事实和数据支撑基础上，在一定的原则范围内，进行开放性论证。这样的论证因为具有法学创新上的意义，所以既要遵从一定的原则，又要进行法律价值上的发展，为完善法学理论提供契机。

3.法律论证的规则

法律论证虽然是在制定法外寻找法律价值来解决棘手的法律适用疑难问题，具有较强的主观性，但也要尽可能寻求“客观化”的法律价值，尽可能减少法律实施中的不确定性。因此应当做到以下五个方面的要求：

（1）确定的事实（数据）。任何论证以事实为基础本来毋庸置疑，但在法律论证中强调确定的事实显得尤其重要，因为对照法律理性确定性原则中的“四确定”要求，法律论证要解决的制定法外的法律价值上的问题，从一开始就不存在确定的法规范、法方法和法价值，需要从制定法外寻找，所以，确定的事实成为论证的唯一基础。在数字化时代，确定的事实就是准确的数据，能够通过信息化、智能化手段寻获的数据都应当尽可能确定和准确，拒绝模糊和似是而非。举例来说，法律论证如果涉及功利主义价值的计较，则需要经济数据的支撑。比如，对失信被执行人限制乘坐飞机、高铁是否会导致民航、铁路公司收入下降，这涉及利益衡量，应当通过信息化手段确定这些人在被限制之前乘坐以上交通工具的实际数据，并将其与民航、铁路公司营业额的变化进行对比，以获取经济上可以信赖的数据。如果法律论证涉及公正、自由等纯属绝对主义的价值，因难以获得数据支持，则要诉诸经验法来进行历史的、社会学的开放式论证，参与论证的法官、法学教授人数的多寡直接影响到论证的质量和可接受度。

（2）经验的方法。法律论证主要运用经验法，因为要论证的是制定法外的法律价值，这就意味着制定法中的逻辑已经用尽，而论证的材料也是事实、观念、数据等经验材料。法律论证的目的是运用理性加工这些经验材料，并不断循环往复进行检验，以形成新的理性认识解决疑难问题。经验是平等的，经验方法的运用需要开放、平等、自由的空间，以便“将所有从制定法之中或者制定法之外领域获得的对问题的正当解决有意义的观点都纳入考量”，以获得“真理性共识”①。

（3）论证的边界。法律论证的边界应当限于制定法没有规定的疑难问题，即拉伦茨所谓的“制定法不能帮助法官发现一种或多或少符合‘事理上的正义’的裁判时，他还有作‘超越制定法’的法续造的可能性”②。关于法律论证是否有边界

① ［德］卡尔·拉伦茨：《法学方法论》（第6版），黄家镇译，商务印书馆2020年版，第103页。

② ［德］卡尔·拉伦茨：《法学方法论》（第6版），黄家镇译，商务印书馆2020年版，第199页。

的问题存在一定的争议，但这在法律理性的应用法则下是毋庸置疑的。法律理性的第一性法则、确定性法则是不能逾越的法则，当这些法则不能解决法律适用中的疑难问题时，才需要通过法律论证来解决，此时的法律适用无疑已经进入法学创新、法律续造的高端境界。经过法律理性应用法则淘洗的“高端法律应用问题”才能进入法律论证程序，制定法上已有的法知识、法价值当然构成法律论证的边界，以确保法律论证在法律理性的轨道上创新。

（4）开放的正义观。法律实施以实现正义为最高理想，但正义“有着一张普罗透斯似的脸（a Protean Face），变幻无常”[①]。近现代以来，有关正义的理论百家争鸣，正义的概念纷繁复杂，衡量正义的价值标准，从安全到平等，从功利到自由，从个人的权利到“共同的善或共同福利”（common good），[②]也随着时代的发展不断变化。正义，无疑成了一个形容词，用来形容那些在特定的时间和空间实现了上述某个或某几个价值的法律实施的正当性。因此，在法律论证中实行开放的正义观是必要的，这样既有利于迄今为止各类得到公认的法律价值进入论证的视野，引出真理性认识，也有利于维护正义的权威。当一个制定法外棘手的法律问题所涉及的所有法律价值

---

① ［美］E.博登海默：《法理学：法律哲学与法律方法》，邓正来译，中国政法大学出版社2004年版，第261页。

② ［美］E.博登海默：《法理学：法律哲学与法律方法》，邓正来译，中国政法大学出版社2004年版，第324页。

都平等地得到论证，其中一些法律价值得到了多数论者的肯定和采纳，并最终形成法律结论。这个法律结论就是正义的。

（5）价值的次序。关于价值孰先孰后的次序问题，哲学家们有各自的立场。比如，亚里士多德强调平等是正义的尺度，斯宾塞、洛克、康德认为正义的最高价值是自由，霍布斯则主张自由和平等应当服从于保护生命、财产和契约的安全，博登海默在《法理学：法律哲学与法律方法》中则提出："赋予人的自由、平等和安全应当在最大程度上与共同福利相一致"①。从这些立场来看，尽管哲学家们对哪种价值最高、最优未形成共识，但在各自的心目中都有次序。哲学上的价值有次序，法律论证中涉及的法律价值也有次序，这是法的可预见性对法律实施的本质要求。其一，法律实施中涉及的所有法律价值都不存在绝对优先性，价值的优先只存在于个案中，存在于具体法律疑难中。其二，个案中的法律价值存在复数情形时，同一本质的各法律价值地位相同，比如功利主义中的财产安全与交易安全要在确定的数据支持下平等讨论；不同本质的法律价值产生冲突时，应当在具体法律关系中论证优先与劣后。又如，只涉及当事人个人利益的未婚女性冻卵问题，（消极）自由的价值优先；涉及相对人或者多人的对赌协议、代持股份协议的效力问题，财产、契约安全的价值优先；涉及人类群体的

---

① ［美］E.博登海默：《法理学：法律哲学与法律方法》，邓正来译，中国政法大学出版社2004年版，第325页。

胎儿基因编辑问题，公共秩序的价值优先。总体来说，法律价值的次序是相对的，但不是价值的相对主义，稳定、有序、可预见的法律价值观在法律论证和法律评价中不仅必要，而且重要。

（三）法律评价的途径

法律评价作为法律科学的“科学实验”，主要有裁判和案例分析两种途径。

1.裁判

裁判作为法律评价途径，韦斯特曼提出了“个案裁决的‘规范三层级构建’”，一是发现清晰的“法律后果的规定”，二是寻找“法律后果的规定”背后的“制定法上的评价标准”，三是辨识“具体化的正义理念”的实现。同时，韦斯特曼也认识到“立法者的评价（规范）就是‘正义理念之情境规定的具体化’”①。笔者认为，法官裁判作为法律评价的方法通常只需要“两个层级”，一是发现法律，即发现适用于本案并产生法律后果的法律；二是正确解释法律，获得法律真意。因为法律真意就是“立法者正义理念的具体化”，不需要在法律真意外寻找正义，所以并不需要第三个“层级”。只有在个案中遇到法律价值不当、价值留白、价值缺失时，法官才需要通过“第三个层级”进行价值填补。韦斯特曼强调，价值填补需要考虑

① 舒国滢：《法学的知识谱系》，商务印书馆2021年版，第1126–1227页。

"立法者的正义理念"，但通过我们前述的分析，法律评价中运用到价值分析方法时不能限于仅仅考察"立法者的正义理念"，而是应当按照关于价值分析方法具体化、客观化的要求，遵照价值评价"客观化"的原则，运用多层级的方法，寻找符合总体正义观的"法外的价值标准"。

法官通过裁判进行法律评价大致有两种情形。大多数情形是通过客观的法学方法在制定法内发现、确定法律价值，并用以评价案件的法律事实，作出裁判；少数情形是运用主观性比较强的法学方法在制定法外确定法律价值，进行裁判。前一种情形是由独任法官或者合议庭进行的法律评价，后一种情形需要运用到法律论证。按照开放性原则，法律论证宜增加参与论证的人数，比如召开法官会议，增加法律论证的法官数，或者邀请法学教授参与，比如启动法庭之友。在法律论证中增加法官或者学者参与论证，可以提高法律论证的质量，尽可能缩小裁判的任意性。通过法律论证方法寻找、确定的法律价值，以之评价案件，作出裁判，仍然由案件承办法官或者合议庭来进行，因此增加参与法律论证人数的做法，并不影响法官独立行使审判权。2019年，最高人民法院实施法律适用分歧解决机制，[①]即采用法学教授参与法律适用分歧解决程

① 《关于建立法律适用分歧解决机制的实施办法》，于2019年9月9日通过，自2019年10月28日起施行。该办法实施后，最高人民法院随即启动该机制，对本院终审的两起同案不同判的案件进行了法律论证，邀请清华大学崔建远教授、中国社会科学院孙宪忠教授和笔者参与，法律论证取得良好的法律效果。

序，以寻找、确定疑难案件中的法律价值，并按照实施办法规定的程序提供给审判庭参考，统一法律适用标准（法律评价标准）。这是一种具有创见的、行之有效的法律论证模式，具有法律评价上的重要价值。

2.案例分析

案例分析法是对法律实践产生的数据的归纳、分析、提炼，既可以利用司法裁判数据，也可以利用其他执法、用法等奉法活动产生的数据，但以司法裁判数据为主要数据来源。以司法裁判数据为基础开展的应用法学分析遵循先经验归纳，后理性分析的路径，运用历史的、社会学的分析方法，以法律评价标准评价裁判结果和其他奉法行为的结果，也评价制定法本身。案例分析主要是由法学家群体进行的法律评价，是法官办案之外最重要的应用法学“科学实验”。应用法学旨在“研究者从已决或未决但存在争议的案例中，通过案例解析发现法律问题，运用信息科技，对照法学理论，按照社会发展与伦理进步的时代要求，总结、提炼法律适用最佳方案，襄助法官裁判，进而推动司法政策的形成，完善国家立法”①。因此，案例分析同时具有法解释学和立法学上的双重意义，也有助于司法政策的形成。随着大数据与人工智能技术的运用，针对司法裁判案例的宏观数据分析越来越便捷，从个案研

① 曹士兵：《应用法学及其时代嬗变》，载《人民法院报》2020年3月19日，第5版。

究到同类案件研究的发展与稳步推广，令案例分析更加高效，更加准确，更具科学性。

三、法律评价的价值

法律评价以办案和案例分析的方式展开，法律评价的成果形成新的法学知识，贡献新的法律理性，具有法解释学和立法学上的重要价值。德国法学家菲利普·赫克在谈到利益衡量的作用不限于填补法的漏洞时谈到，“其对于理解制定法，对于依照制定法的个案裁决以及‘未来法’[*lex ferenda*，将来发布的法律，区别于‘现行法’(*lex lata*)]的工作意义可能更大”①。法律评价也是如此，无论是通过法官办案还是通过法学家进行案例分析，法律评价的成果都有效作用于理解制定法、个案裁决和完善法律。

（一）法律评价从法律目的（价值）出发评价法律实践，实现了法律实施的确定性、可预测性，走完了法学成为科学的“最后一公里”

法律科学极强的应用品格使得法律理性成为法律科学的核心，法律理性通过法律评价成为“活的法律”，不仅为法律实施的确定性、可预测性提供“科学技术”，而且为法律的完

① 舒国滢：《法学的知识谱系》，商务印书馆2021年版，第1043-1044页。

善提供了法律科学的“实验室”。19世纪下半叶自耶林提出法的目的论之后[①]，以法律中包含的评价标准对各种利益进行评价成为普遍接受的法学说和司法行为准则，法律的目的（价值）解释方法成为法律稳定和法律发展的关键，可以有效防止“法学以敌视的态度阻碍法学的进步”，避免“法学不得不服务于偶然、谬误、狂热和愚昧”[②]。法律的目的（价值）解释贯穿法律评价全过程，从确定法律价值到应用和检验法律价值，法律评价“为法官提供作出客观公正评价所需的经验性资料，它还提供法律所包含的、或多或少得到明确宣示的评价尺度”，“从而以理性的方法为个案中需要寻找的价值判断作出准备，使这种价值判断高清晰度地——即使不是精确无误地——显现出来”[③]。这样的法律评价使得个案裁判具有确定性、可预测性，彻底告别“算命式”“操弄式”裁判。法律评价既检验个案裁判是否符合法律目的（价值），又检验法律的科学性和法律的时代性，不断促进法律与法学的完善。法律评价是法律科学指导法律实践的过程，保证法律科学一直向着“科学法”的方向行进，因此，法律评价是法学走向科学的最后的里程。

---

① 此处指耶林1877年发表的《法的目的》(Zweck im Recht)。

② 尤利乌斯·冯·基尔希曼对法学不具有科学性的批判语，转引自［德］卡尔·拉伦茨：《论作为科学的法学的不可或缺性》，赵阳译，商务印书馆2021年版，第8–9页。

③ ［德］卡尔·拉伦茨：《论作为科学的法学的不可或缺性》，赵阳译，商务印书馆2021年版，第23页。

（二）法律评价兼具专业性和社会性，逻辑和经验共同运行，评价成果具有科学性

法官和法学家群体开展的法律评价需要运用到专业的法学方法，包括历史分析、社会学分析的方法，专业性与社会性可以很好地结合，逻辑与经验可以很好地结合，形成的成果可以作为可靠的个案依据和立法参考。社会公众开展的法律评价虽然大多数是自发的，不一定会运用法学方法，但仍然具有重要的人种学、历史学、社会学意义，公众对某一法律现象形成的“民意”构成经验分析的有效数据来源。比如通过“于某案”开展的关于正当防卫边界的社会讨论，通过“无锡胚胎案”“单身女性冻卵案”开展的生殖权利的讨论，都成为“田野调查”的优质数据，实质性影响到个案裁判和制定法的完善。

（三）法律评价是工具理性与实质理性共同运行的系统工程，既能够维护法的形式与安定，又能够实现法律价值的与时俱进

“形式主义理性化的法学知识体系”，按照“法学分析”“逻辑集中”“体系建构”构建“科学法”，建立了法律科学大厦。法律评价遵循工具理性，运用逻辑法、经验法和“具体化、客观化”的价值分析法寻找法律真意，无损于“法的形

式主义理性”,有效地维护了法的安定。同时,法律评价追求实质理性,以制定法本身的法律价值,以及运用“习惯法、法理(普遍的法律思想)、被承认的主流价值(如‘主流的社会道德’①)、法秩序的强制要求(如公共秩序的维护)”“立法者的正义理念”确定的外部法律价值,稳定、有效评价裁判和法律,在无损法的形式与安定的同时,有效实现法律价值的与时俱进,完全可以避免形式主义造成的“法学与法的社会现实、政治现实和道德现实分道扬镳”②的弊病。

法律评价的工具理性与实质理性的系统运用,即所谓以“民族的理性”(温德沙伊德语)有效反击了“立法者改动立法中的三个字,所有(法学)图书馆就会变成废纸堆”(基尔希曼语)的“法学作为科学的无价值性”的观点,为利益法学、评价法学等法学方法论发挥作用,为“危险责任理论、权力滥用学说、法律行为基础学说、所有权的社会限制、信赖义务、缔约过失等”新的法学思想缔造新的制定法规范,构建与时俱进的法律科学,“赢得了广阔空间”③。

---

① [德]卡尔·拉伦茨:《法学方法论》(第6版),黄家镇译,商务印书馆2020年版,第366页。

② [德]卡尔·拉伦茨:《法学方法论》(第6版),黄家镇译,商务印书馆2020年版,第34页。

③ [德]卡尔·拉伦茨:《法学方法论》(第6版),黄家镇译,商务印书馆2020年版,第39–61页。

第六章　裁判的形成（一）：确定法律真实

一、法律真实是裁判的起点

（一）法律真实是法律与证据的结合（6·1）[①]

法律真实是法庭通过司法程序认定的，可以带来法律后果的案件事实。法律真实是法律与证据相结合的产物，法律真实的构成（也可称为内容）由法律规定，发现、确定法律真实的程序和工具也由法律规定，利用程序和工具分析确定的、能够成为法律真实内容的材料是证据。法律真实的构成是法律规定的，体现了制定法的目的，证据反映了人对事物的直观认识。

能够带来法律后果的法律真实的构成来自法律规定，只

---

① 为便于读者阅读与法官在办案中应用，以下各章二级标题连续编号。

有按照法律规定的构成去收集对应的证据材料，证据材料才具有证明法律真实的意义。比如，法律规定“善意”“明知”构成某种法律关系，带来某种法律后果，收集能够证明“善意”“明知”的证据材料才具价值。同时，构成法律真实的证据材料的类型、提取与检验方法等具体要求，对证据进行解释，也由法律规定，比如对合同书的解释，要通过法律规定的文义解释、整体解释、目的解释等解释方法对合同书的内容进行解释，以便确定当事人之间是否形成合意。这些法律规定都具有高度的形式化、工具化的理性成分，法官必须遵循这样的形式理性和工具理性来甄别、认定法律真实，约束包括自己在内的所有侦查、起诉等执法、司法人员。从这样的角度来看待法律真实，发现、确定法律真实更加接近于法律问题，只有证据材料属于事实问题。

法律真实不同于当事人陈述的争讼事实，除非当事人双方陈述的事实一致(如此将避免大多数的争讼)，当事人的陈述总是各执一词，甚至相互矛盾，不能直接构成法律真实。法律真实也区别于绝对真相，由于人类认识和技术手段的局限性，法官不能保证发现每一个争讼的真相，还原每一个现场，难以绝对做到不枉不纵，不失有辜，追求绝对真相不仅在多数情况下不可能，而且会令裁判活动本身失去存在的根据，丧失权威。法官通过程序和方法寻获、确定的法律真实就是真相，裁判活动基于法律真实即可依照后续程序进行下去，不需要基于绝对真相。如果追求绝对真相，法官大概率会停止审判，重走古代雅典战胜山上法官的路数，老老实实宣布："本庭不懂此案，过一百年再审"①。

（二）发现、确定法律真实就是还原现场（6·2）

法官裁判从审查案件的事实开始，无论是何种案件，刑事的或民事的，构成裁判基础的案件事实必须是法律真实。任何案件的事实都是在诉讼之前就发生的"过去的事实"，法官并不在场，要发现并确认"过去的事实"，法官就必须以"还原现场"的思维开始最初的裁判活动。现场虽然是人类活动的结果，但即便是最直接的刑事犯罪现场，如视频直播、录音录像，或者最直观的民事行为现场，如当事人亲笔书写字据，都是事后的证据材料，需要检验真伪和解释真意。不经检验和解释，就没有法律真实。

（三）法律真实只存在于司法程序之中（6·3）

法律真实是裁判的基础和原材料，只能在司法程序中寻找、确定，离开司法程序不存在法律真实。如果把司法程序看成一段时间的"信息茧房"，法律真实就只存在于这一"信息茧房"之中，经法官允许在"信息茧房"中展示的证据才是证据，才能成为形成法律真实的原材料。法官（合议庭）、陪审

---

① 冯象：《木腿正义》（增订版），北京大学出版社2007年版，第41页。

团只审查、检验“信息茧房”中的证据,现实世界中看到的、听到的其他任何事实材料,不能代替和冲击“信息茧房”中的证据,都不属于构成法律真实的原材料。“信息茧房”会损失一部分证据材料,但能够最大限度地保障人权。

法律真实是法官依靠形式主义的司法程序,运用工具理性确定的案件事实,高度形式化的司法程序是迄今为止最大限度地逼近事实真相的唯一可靠程序,冷静的工具理性是人类能够信任的唯一可靠工具,在司法程序中遵从形式主义和工具理性,法官发现和确定的案件事实才能达到人类能够达到的最高的可信度,法律真实才得以确定。

(四)形式主义理性司法程序的规训:遵循制定法(6·4)

法律和司法程序从诞生之日起就具有形式主义的特征,尤其是证据法,马克斯·韦伯称之为“法律形式主义的先锋”。早期法律和司法程序中的形式主义存在非理性成分,比如当事者要证明自己有理必须诉诸的“巫术力量”;《十二铜表法》规定“不法砍伐他人树木(arbores)者处以罚金”,不法砍伐葡萄树(vites)者不用处罚。[①]法律科学诞生的过程是非理性的形式主义向着理性方向发展的过程,理性的形式主义成为法律

① [德]马克斯·韦伯:《法律社会学 非正当性的支配》,康乐、简惠美译,上海三联书店2021年版,第163页。

科学的核心内容，是法学实现科学化的标志。现代法律科学中形式主义的司法程序具有高度的理性成分，虽然其中一些内容存在法律机械主义和武断，比如对证据提交期限的限制较为苛刻，但理性的形式主义避免了司法的随意，有目的的武断带来裁判的可预测性，这些都构成了裁判合法性的重要基础。马克斯·韦伯关于理性的、形式的法律（包括程序法）“不仅能排除传统的束缚和恣意，并且主观的权利也因此只能以客观的规范为其唯一的根源”[①]的阐述，可以视为程序正义是实质正义保障的直接注脚。

理性的、形式主义的司法程序也是现代司法文明的重要特征。现代司法文明以尊重与保障人权为第一要务，司法权，尤其是侦查权，在理性的、形式主义的司法程序中运行，如同在阳光下运行，以尊重与保障人权为目的的司法程序就是程序正义，是实质正义的唯一来源。

理性的、形式主义的司法程序具有公开性、稳定性、纯粹性，不容商谈变通，不容穿透（直接以所谓实质正义取代程序正义），公众稍懂语言逻辑就能够了解、辨识，不需要繁复的解释。理性的、形式主义的司法程序可能做不到法网恢恢，疏而不漏，但能够拒绝毒树之果，免公民于恐惧之中。理性意味着科学、智慧，形式主义意味着简单、成熟，运行于司法活动

---

① ［德］马克斯·韦伯：《法律社会学　非正当性的支配》，康乐、简惠美译，上海三联书店2021年版，第233页。

中的理性的、形式主义的司法程序的规训,概括起来就是一句话:司法者必须遵守立法者记载于制定法中的人类成熟的、便捷的司法智慧。

(五)工具理性的规训:遵循逻辑与经验(6·5)

法官在司法程序中发现、确定法律真实,必须且只能运用工具理性。工具理性强调手段的合法性和科学性,是与目的无涉的理性,区别于强调目的、意识和价值的实质理性。合法性,即合于理性的、形式主义的司法程序的规范性,这样的工具方法呈现严格、机械、武断的特点,旨在确保证据的客观性,禁止有目的地收集证据,防止栽赃陷害,尊重与保障人权;科学性,即经过科学检验能够客观、有效地描述真实世界的特性,这样的工具方法呈现自然科学准确、可测度的特征,旨在运用人类掌握的实用知识和技术最大限度地还原现场,寻求真相。

工具理性遵循严格的逻辑要求,以演绎、推理排除不确定性,逼近真相。除了逻辑推演外,在民事案件中也允许以经验的方法确定法律真实,但须经逻辑验证,以防止伪经验和偏见。因此,在寻求法律真实中运用经验的方法也具有理性本质。比如,对于"善意"这样的抽象事实,通过当事人尽到谨慎注意义务来加以推断,注意义务来源于日常生活经验,这些经验具有人类生活的理性成分。

工具理性寻求与法律真实有关的证据，原则上排除推定事实，但也有例外，即可以根据科学和人性推断法律真实。前者，比如仅以被害人2000毫升的血液被发现于被告住所内地毯之中（在医学上失去2000毫升血液可推断被害人死亡）即可推断被告杀人罪名成立，即便没有发现被害人的遗体；后者，比如仅以被告藏匿、销毁已经证明为对其不利的证据即可推断该证据所证明的事实成立。

工具理性因其具有的合法性和科学性，能够以令人信服的方法最大限度地发现、确定法律真实，因此在确定法律真实中，工具理性不容忽视，不能旁落。法官运用工具理性确定法律真实的规训是：经得起检验的法律真实必须在逻辑上、经验上无懈可击，必须排除任何人为因素。

二、逻辑推论与经验推测——确定法律真实的主要途径

（一）运用三段式和堆垛式推论法律真实（6·6）

法律真实一般由逻辑推论来确定，作为法律与事实相结合的产物，法律负责规定法律真实的构成要素，事实负责提供确定法律真实的证据材料。用三段式来描述，法律规定的要素是大前提，事实提供的证据材料是小前提，推论的结果是法律真实。法律真实既要解决有和无的问题，又要解决真和假的问题。

以意思表示为例。法官审理合同案件的起点是确定当事人的意思表示,然后是确定当事人各自的意思表示是否在彼此间形成合意。意思表示由意思和表示两部分构成,这是法律科学要求的准则,属于法律问题;意思的有无、表达的内容和表示的形式是证据材料,纯属事实问题。以法律科学要求的意思表示的准则为大前提,以意思与表示的证据材料为小前提,推论出法律真实——意思表示。意思表示由意思和表示两部分构成,因此有意思、无表示,或者无意思、有表示,都不能推论出意思表示这一法律真实,前者如未寄出的单方要约、仅有公司同意担保的决议而无担保合同[①]的情形;后者如当事人虽签了字但没有约定其权利义务内容的合同书,[②]都不构成意思表示。以上只是解决意思表示的有或无的问题,法律真实还要进一步解决真或假的问题。具备了意思和表示的意思表示,要进一步甄别其真伪和"纯度"。法律规定的意思

---

① 此种纠纷发生在法人决议与授权限制、越权签订合同的情景中。笔者在裁判中遇到过一公司通过决议同意为他公司提供担保,但仅授权法人代表签订合同。该公司总经理越权签订合同,并私刻公司合同章加盖在担保合同上,该合同章被鉴定为假章。被担保人以公司决议与假担保合同内容相同为由请求判令该公司承担担保责任。在拟制主体运行中,拟制主体的意思,或表现为决议,或者表现为代表人、代理人的签约,某一法律行为的意思表示如果被拟制法人的章程限制,必须以决议方式作出,当拟制法人未作出决议时,代表人、代理人的签约即属于有表示(签约)、无意思(决议),意思表示不成立。第三人的善意将被考虑作为能否将代表人、代理人的意思表示推定为拟制法人意思表示的关键。

② 在笔者的裁判经历中审理过此类纠纷:合同当事人只有两方,但有三方签字,第三方在合同中没有任何权利义务条款约束,因此该合同被认定为仅构成合同当事人双方之间的合意。

表示情形有真实意思表示、共同虚伪意思表示、单独虚伪意思表示、瑕疵意思表示。单独虚伪意思表示分为戏谑和心意保留两种，瑕疵意思表示又分为欺诈、胁迫、乘人之危形成的恶意瑕疵意思表示和重大误解形成的非恶意瑕疵意思表示。[①]经过真伪甄别的意思表示，最后才能确定法律真实，在这样的法律真实基础上，才能进行法律评价——裁判。（见图6-1）

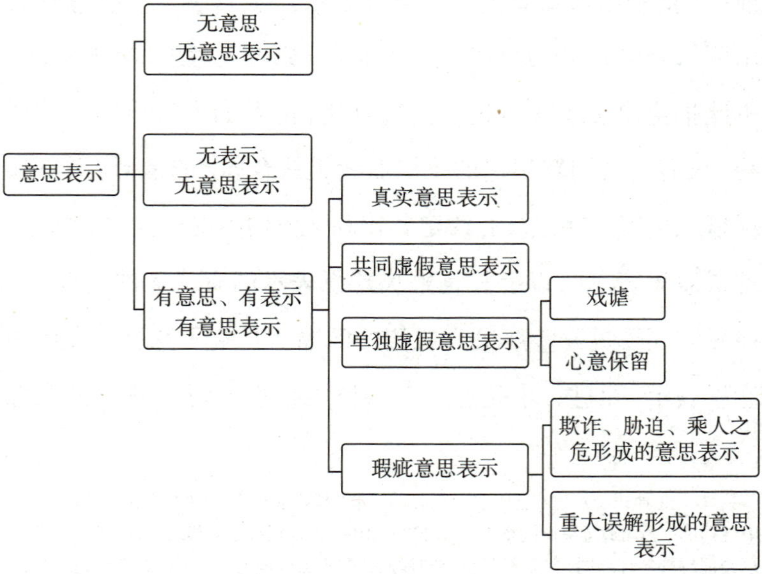

图6-1　意思表示的分类

确定法律真实的逻辑推论，往往涉及多个三段式，甚至是一系列三段式，构成“堆垛式”，即“两个或者两个以上的三段

① 参见《民法典》第1编第6章第3节第143～151条。

式堆垛起来,每一三段式的结论为下一三段式的前提"[①]。仍然以意思表示为例。表意人已经被证明有真实的缔结合同的意思,通过传达人向对方表示,但传达人因过失而传达错误,因传达人并无作出意思表示之权限,其实质无异于表意人本人陷入错误,构成重大误解型意思表示瑕疵,表意人可以申请撤销该意思表示。此处即存在推论表意人有无意思表示的三段式,传达人因过失误传构成重大过失三段式,两个三段式推论出意思表示瑕疵的结论。如果在第二个三段式中,假定是传达人故意传达错误而导致表意人陷入错误,此时表意人的意思表示不存在,意思表示是传达人的,则推论出无权代理的法律真实,而非瑕疵意思表示。此种情形下的无权代理,表意人没有过错,不可归责于表意人,应当由传达人自行承担相应民事责任。(见图6–2)

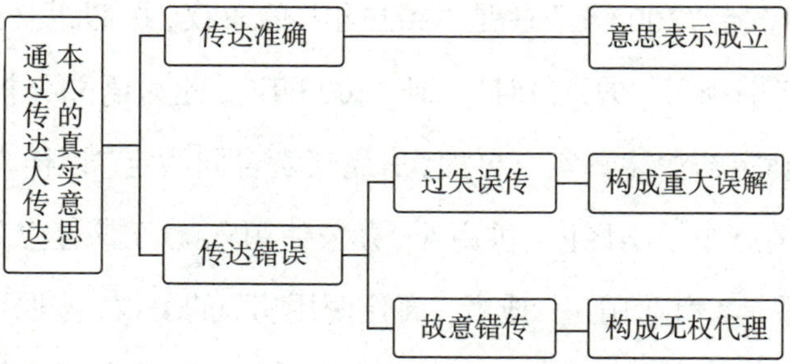

图6–2　本人的意思表示通过第三人传达的法律后果

① 殷海光:《逻辑新引:怎样判别是非》,郑州大学出版社2021年版,第199页。

（二）先直接语义，后逻辑推论（6·7）

如前所述，语言造就逻辑，人类活动，尤其是意思表示，如果使用语言文字（而不是行为）来表达，语义就是天然的、第一位的法律真实的来源。如果语义清晰，通过语义分析即可获得结论，无须借助复杂解释。语义解释在实现理解与消除分歧上意义重大，但哲学上也有过于看重解释，认为无解释即无理解的学说[①]。事实上，过于强调解释忽视了人类对语言文字理解的天然能力，导致简单的语义理解复杂化。实际生活中，特定时空条件下，一般有理性人的第一反应一致的语义，存在毋庸置疑的确定性和唯一性，可以直接确定法律真实。比如，签订于2003年的房屋租赁合同约定，“租赁期20年，期满后承租人有优先购买权，按照当时的价格”，对于其中“当时”指“2003年”还是“2023年”的争议，按照语义逻辑，应是“期满后”的“当时”，即“2023年”，此为语义分析后得出的确定的法律真实。再如，房屋买卖合同约定“该楼盘位于本市重点小学学区内，供商业、办公使用”，对于该楼盘是“住宅”还是“商业用房”或者“商住两用房”的争议，按照“供商业、办公使用”的确定语义，可以直接得出该楼盘系“商业用房”的法律真实。如果，仅凭“该楼盘位于本市重点小学学区

① 比如伽达默尔的哲学诠释学（philosophische Hermeneutik）。

内”,只有住宅才能是学区房,而得出该楼盘系“住宅”的结论,则不仅违反“供商业、办公使用”的直接语义,而且不具有排他性(不能得出“住宅”这一唯一结论),不构成法律真实。

当语义存在理解分歧,不经逻辑解释就不能实现确定性、唯一性时,逻辑分析各方法作为后续的分析工具就派上了用场。应用于法律解释的逻辑分析方法众多,包括体系解释(当然解释、反对解释、扩张解释、限缩解释等)、法意解释、目的解释、法系解释等,能够运用于解释法律真实的逻辑方法与此相同或相近,其主要方法是当然解释、反对解释、整体解释、目的解释,此外还有习惯解释、诚信解释,后两种不属于逻辑解释,而是经验推测,详见后述。这些解释方法各自发挥作用,为裁判提供经过解释才能确定的法律真实。

仍然以意思表示为例。当然解释、反对解释、整体解释本质上都是目的解释,都是基于对当事人意思表示的目的进行探究,来确定法律真实。当然解释与反对解释是对当事人目的的一体两观,当然解释换一个角度就是反对解释。比如,保险合同约定“重大治疗”作为赔付条件,并列举了“重大治疗”包括的重大疾病的种类,其中包括心脏病。被保险人罹患心脏病,但只做了微创手术,保险公司以微创手术不属于“重大治疗”为由拒赔。通过语义解释,可以得出“重大治疗”指保险合同所列举的重大疾病的治疗,重点在重大疾病,心脏病的治疗在承保范围之内,即便是微创手术,也是重大疾病的治疗,保险公司应予赔付。用逻辑解释作进一步分析可以观察到，基于该保险的目的是保障赔付投保人重大疾病治疗的费用，依当然解释，“轻微疾病的治疗”则不予赔付；依反对解释，“非重大疾病的治疗”，包括“轻微疾病治疗”在内，不予赔付。这两种解释只是换了角度的逻辑推论，可以排除保险合同所列举的重大疾病之外的轻微疾病的治疗，比如感冒，即便被保险人重感冒，治疗费用不薄，也不在保险公司赔付范围之内。

值得留意的是，制定法使用的“视为”“应当认定”的表述，本质上都是当然解释，属于逻辑推论的法律真实，不允许否证，即日本学者富井政章主张的“所谓视为者，乃完全之推定，不因有反证而失去效力者也”[①]。如果允许用其他证据否证（或证伪），则属于经验推测（详见后述），一般使用“可以认定”来表述[②]。比如，《刑法》第214条规定的“销售假冒注册商标商品罪”，要求以销售“明知是假冒注册商标的商品”为成立要件。对于如何认定“明知”，“两高”关于办理侵犯知识产权刑事案件的司法解释[③]（法释〔2004〕19号）第9条规定了各类构成“明知”的情形，这些情形皆是法院、检察院办理此类

---

① ［日］富井政章：《民法原论》（第1卷），陈海瀛、陈海超译，中国政法大学出版社2003年版，第70页。

② 富井政章关于“视为”可以被否证的认识，参见上注，笔者不能赞同，此认识不符合逻辑推论的确定性。

③ “两高”指最高人民法院、最高人民检察院；司法解释指最高人民法院发布的法释类文件，该类文件具有法律效力。

案件总结、归纳的当然解释,可以用来推论"明知"。例如,该司法解释第9条第1项规定"知道自己销售的商品上的注册商标被涂改、调换或者覆盖的","应当认定"为明知。再如,夫妻共有的房屋登记在配偶一人名下,该配偶单独签订合同出售该房屋,配偶另一方知道或者应当知道而不提出异议的,视为同意。①比如签约时夫妻一起到场或者一方签订合同但购房款汇入配偶另一方的个人账户等,此处配偶另一方"视为"同意,也属于通过不能证伪的当然解释推论出的法律真实。

整体解释要求从文本、行为的整体上探究当事人的目的,不一叶障目,只见树木,不见森林。比如,租赁合同约定租赁费分四期支付,一季度一付,第一期租赁费的支付期间明确约定"在第一季度开始后的10日内支付",其余三期未约定租赁费支付期间。按照整体解释,后三期租赁费的支付期间应解释为"每季度开始后的10日内",即是从租赁合同整体上解释支付期间,这有利于合同履行的连续性、稳定性,符合合同当事人对合同利益的整体预期。

(三)逻辑推论止步于形式主义理性(6·8)

制定法中的形式主义理性不仅存在于程序法中,也存在于实体法中,后者更加广泛、多样,在实体法的形式主义理性

---

① 原《关于适用〈中华人民共和国担保法〉若干问题的解释》(法释〔2000〕44号)第54条,本解释现已废止。

规范限制下，逻辑推论呈现更加机械、武断的逻辑特征，但也同样具有稳定法律关系的优势。

以身份法中的形式主义为例。比如在只承认登记婚姻、不承认事实婚姻的制定法背景下，未登记的事实结婚不被承认，未登记的事实离婚也不被承认。反过来，已经办理了登记的结婚和离婚，无论双方当事人私下如何约定，确定婚姻关系的逻辑推论只能依据登记材料。登记是婚姻关系意思表示的形式，登记之外当事人通过任何形式约定"假结婚""假离婚"，都不能作为逻辑推论的材料。这就是身份法中的形式主义特征约束了逻辑推论。从三段式上看，如果男女双方签订协议，约定虽然登记离婚但仍然维持夫妻关系，登记的意思表示和双方约定的意思表示不一致，按照身份法的形式主义，登记的意思表示才是三段式中的小前提，并以此推论出"离婚"的法律真实。反过来，如果不遵守形式主义理性，以当事人约定的"假离婚"来推论法律真实，按照"双方共同虚伪"的法律规定就会推论出"假离婚"系双方共同虚假意思表示，属于无效民事行为(《民法典》第146条)，则离婚登记可以被撤销。如此，则不仅违背了身份法要求的形式主义，也导致逻辑推论失去界限，将带来"假离婚"期间夫妻共有财产处分的效力、是否构成重婚等一系列疑问，无异于自寻烦恼。逻辑推论必须止步于形式主义理性不仅是稳定人际关系的明智选择，也是稳定法律关系的法律智慧。

形式主义理性的实体法规范条款多,类型丰富,期限、期间、登记、时效、(合同、签章等)形式、权利能力、行为能力、资格、核准等,都具有形式主义理性本质,对逻辑推论法律真实形成强有力的约束,有效防止了法官在认定案件事实上的恣意,也简化了逻辑推论,减少了堆垛式三段式。

(四)运用经验推测法律真实(6·9)

法律是逻辑的,也是经验的,这一论断普适于法律科学知识、方法、价值各构成部分,共同造就了法律理性。逻辑与经验不仅不相互排斥,而且相互成就。在发现、确定法律真实中,逻辑与经验各自发挥作用,共同发力,可以最大限度地逼近事实真相,理性地、有效地推断出法律真实。

经验推测是通过对观察到的现象进行归纳,发现其中的共性,再以这种共性推测法律真实。经验法的本质是科学归纳,在推测法律真实时也使用三段式,只不过其大前提包含不确定概念、概括概念,小前提归纳的现象不具有排他性,因此在确定性上弱于演绎法,要通过诸如否证法等手段适当克服其不足。如上所述,确定法律真实的三段式的大前提来自法律规定,证据材料是小前提,如果法律规定的大前提中包含不确定概念、概括概念,小前提的证据材料就必然要配合大前提中的不确定概念、概括概念,归纳更多的证据材料,通过经验来推测法律真实。比如明知、善意、合理期间、充分理由、重大误解、显失公平等不确定概念，以及诚信、公平、习惯等概括概念。

以明知为例。刑法规定一些罪名以行为人“明知”为成立要件，并规定应当根据案件的事实材料、行为人认知能力等方面综合认定是否构成“明知”。“明知”作为不确定概念，多数不能通过逻辑直接推论，需要通过经验予以推测。如《刑法》第287条规定的“为他人实施犯罪提供技术支持或者帮助罪”，以行为人“明知他人利用信息网络实施犯罪”为构成要件，对于何为“明知”，“两高”《关于办理非法利用信息网络、帮助信息网络犯罪活动等刑事案件适用法律若干问题的解释》（法释〔2019〕15号）第11条规定了7种“可以认定行为人明知”的情形。这些情形均为司法机关办案的经验总结，可以用于推测认定“明知”这一不确定概念的法律真实，比如其中第1项规定的“经监管部门告知后仍然实施有关行为的”，第3项规定的“交易价格或者方式明显异常的”，均可推测为行为人“明知”。

以上的各类“明知”属于经验推测的结果，不是当然解释的逻辑推论，因此都允许被证伪。

（五）采用“经验堆垛式”推测法律真实（6·10）

三段式有堆垛式，经验推测也有堆垛式。如果需要推测的法律真实涉及不止一个不确定概念、概括概念，而且各概念之间环环相扣的话，就必须采用堆垛式的经验推测方法。

以《九民会议纪要》[①]讨论的“公司人格否定”为例。该节认为公司人格否定有人格混同、实际控制人过度控制、公司资本金显著不足三种情形,并讨论了各种情形的表现形式。公司人格否定是概括概念,需要通过人格混同、实际控制人过度控制、资本金显著不足的列举法来归纳,后三者还需要通过再列举来归纳各自的类型,比如其中的人格混同,有“股东无偿使用公司资金或财产,不作财务记载;股东用公司的资金偿还股东债务,或者将公司的资金供关联公司无偿使用,不作财务记载;公司账簿与股东账簿不分,致使公司财产与股东财产无法区分”等5种情形;其中的实际控制人过度控制则有“母子公司之间或子公司之间利益输送”等4种情形;关于资本金显著不足要综合考虑资本与风险匹配度、主观恶意、危害债权程度等因素。人格混同、实际控制人过度控制、资本金显著不足三种类型也是概括概念,《九民会议纪要》认为以这三种情形否定公司人格要综合考虑多种因素,其基本做法是通过列举、归纳公司运行中的常见做法,综合各种定量与微量变化,用经验来进行推测。人格否定与人格混同、实际控制人过度控制、资本金显著不足等概念环环相扣,在经验推测上就要采用“堆垛式”,通过层层递进的经验推测,来确定是否存在公司人格否定的法律真实。

---

① 《全国法院民商事审判工作会议纪要》的简称,2019年11月8日印发。该纪要不是司法解释,性质上属于最高人民法院的司法观点集成。

（六）“无”的法律真实只能通过经验来推测（6·11）

逻辑推论法律真实，其推论的目标是“有”，推论不出“有”，则通过反对解释，推论为“无”。比如，当事人的意思表示因缺少“表示”而推论为“无”意思表示。这是逻辑推论的逻辑运行准则，不能反过来，不能因无证据材料证明当事人“无意思表示”而推论出当事人“有意思表示”这样的反逻辑结论。但经验推测可以用来推测“无”的法律真实，并进而通过反对解释，推论出相对应的“有”的结论，比如无“恶意”、无“过失”，则推论有“善意”。这符合人类的经验归纳法，但要接受证伪，方可用于推测法律真实。

以《公司法》第88条第2款为例。该款规定：“未按照公司章程规定的出资日期缴纳出资或者作为出资的非货币财产的实际价额显著低于所认缴的出资额的股东转让股权的，转让人与受让人在出资不足的范围内承担连带责任；受让人不知道且不应当知道存在上述情形的，由转让人承担责任。”从举证责任角度看，受让人应当证明自己“不知道且不应当知道上述情形”。从证据法关于证明责任的基本原则上看，当事人没有“自证其罪”的义务，在刑事程序中绝对禁止“自证其罪”，在民事程序中原则上也要坚持“谁主张，谁举证”的原则，由当事人举证证明自己“不知道且不应当知道”，性质上属于举证责任倒置，只能由法律明确规定，且仅作为“谁主张，谁举证”原则的例外。如前所述，证明“无”(“不知道且不应当知道”)不能用逻辑推论，只能通过经验推测，即通过受让人“查阅公司的章程、股东名册、出资证明等公司文件表明出资义务已经履行，即完成不知道且不应当知道的证明责任”[①]来推测受让人“不知道且不应当知道”，进而通过反对解释推论受让人有“善意”。“善意”是不确定概念，是通过受让人是否尽到核查义务来经验推测，如果有相反证据，则可以推翻该推测结果。

(七)以经验推测法律真实可以运用道德与习惯(6·12)

道德来自情感和理性，最初都建立在人类观察世界获得的经验基础上，休谟认为道德是“由人道情感所确立的人类共同规则”，“是人类共同生活经验的产物”，包括个体的同情心、共情心的“心理能力”和关切社会正义、共同善的“社会情感”[②]。道德作为经验性的共同规则，在确定法律真实中一样发挥着稳定的经验推测作用。

以诚信解释为例。诚实信用是法律基本原则，被称为“帝王条款”，具有解释、补充、评价法律的重要功能，同样，诚信解释在解释、补充法律行为，确定法律真实中也占据重要位置。以诚信解释确定法律真实，本质上是以人类通过经验获

---

① 刘贵祥:《关于新公司法适用中的若干问题》，载《法律适用》2024年第6期。

② 周国平:《西方哲学史讲义》(中)，深圳出版社2023年版，第372–373页。

得的、在情感与理性基础上形成的共同规则推测法律真实，同情、共情的“心理能力”和正义、善的“社会情感”具有一定的稳定性，奠定了以道德推测真实的权威性的基础。同时，道德又具有认识分歧和不确定性，因此以道德推测获得的法律真实，应当允许通过证据证伪。比如，商店柜台出售的注明为“贝珠”“珊瑚拼合手镯”的首饰，系将原材料碾碎后再塑形加工形成，价格远低于用自然长成的珍珠、珊瑚制作的首饰，顾客购买后以重大误解为由要求撤销买卖行为的，就需要先确定是否存在“重大误解”的法律真实。按照诚信解释，注明“贝珠”“珊瑚拼合手镯”并价格低廉的首饰，在人的“心理能力”和“社会情感”上存在共同认知，形成了道德性、经验性的“共同规则”，以此诚信规则推测，则一般有理性的人都不会产生“重大误解”，因此可以推测出不存在“重大误解”的法律真实，顾客无权要求撤销。此为诚信解释的正向结论，允许反向证伪。比如，顾客能够提供证据证明其所生活的地域存在相反的认识，当地人从未见过“贝珠”，均认为“贝珠”即自然“珍珠”的，则可以认定存在“重大误解”。

习惯解释就是依照习惯探求当事人的目的，是目的解释的手段。比如，承诺“包销债券”的当事人是否承担“包兑（保证兑付）债券”的义务，依照证券行业的习惯，“包销”的目的是保证卖出，如果卖不出，则包销人自己购买剩余债券。依此习惯解释，包销不包兑，符合当事人约定的目的，而兑付债券的责任则依照债券发行承诺(另一个意思表示)确定由发行人、保证人承担。再如,某历史学家在电视访谈中声称“在其著作中挑出一处错误,即奖励1000元人民币”,该表达是悬赏公告、心意保留还是戏谑?依照普通观众的理解习惯,该学者意在以夸张方式说明其著作的学术严谨性,即所谓在电视上公开“吹嘘”,具有玩笑性质,并非其真实意思表示。依此习惯解释,该学者在电视访谈中表达的法律真实属于戏谑。

诚信、习惯都是概括概念,需要通过归纳法去总结、发现,基本的做法就是做社会调查,在划定的范围内,对不特定对象进行抽样访谈,预先不告诉访谈内容,人数不限。比如上述债券“包销”的习惯,要在证券从业人员中进行抽样访谈;对“贝珠”的认识,对电视上声称“奖励”的认识,则从普通顾客、观众中选择访谈对象,调查一般有理性人的朴素观念。

(八)通过否证法和例举法提高经验推测的确定性(6·13)

经验推测法律真实具有不确定性,堆垛式经验推测则进一步增加了不确定性。对此,法官通过经验推测法律真实要允许证伪,即允许通过相反的事例来否定经验推测的法律真实,防止经验推测的结论与直接证据证明的真实相互抵触。此外,还可以通过更多的观察,最大限度地归纳、细分,通过例举法,尽可能提高排他率。通过否证法验证法律真实与通过逻辑推论法律真实具有相同的理性本质，都符合法律科学的科学性。归纳、细分，增加例举，则可以令经验推测的效果尽可能逼近逻辑推论。

通过经验推测的法律真实如果能够被逻辑证实，则与逻辑推论等同，事实上正因为不确定概念、概括概念难以被逻辑证实，所以要利用否证法，通过证伪来提高经验推测的法律真实的真实度。前面提到的“明知”，大多数都允许证伪，比如《刑法》第287条之二“帮信罪”中的“明知”，第360条“传播性病罪”中的“明知”等。以《民法典》第61条规定的“善意”为例，可以详细观察否证法的运用。该条规定，法人对其法定代表人代表权的限制，不得对抗善意第三人。此处的“善意”，依照《民法典》第504条的规定，按照“知道或者应当知道其超越权限”的反对解释来确定。比如，在公司法定代表人超越权限代表公司与相对人订立担保合同的场合，“善意”是指“相对人在订立担保合同时不知道且不应当知道法定代表人超越权限”[《关于适用〈中华人民共和国民法典〉有关担保制度的解释》(法释〔2020〕28号)第7条第3款]，“相对人有证据证明已对公司决议进行了合理审查，人民法院应当认定其构成善意，但是公司有证据证明相对人知道或者应当知道决议系伪造、变造的除外”(同上款)。从以上关于“善意”这一法律真实的确定过程来看，“善意”是不确定概念，需要通过相对人的“合理审查”来推测。“合理”是另一个不确定概念，需要综合相对人的审查方法、认知能力、注意义务标准来推测，最后再通过规定一个“但书”来证伪，即以“有证据证明相对人知道或者应当知道决议系伪造、变造”的事实，来否定通过经验推测确定的“善意”。这就是否证法的运用。（见图6-3）

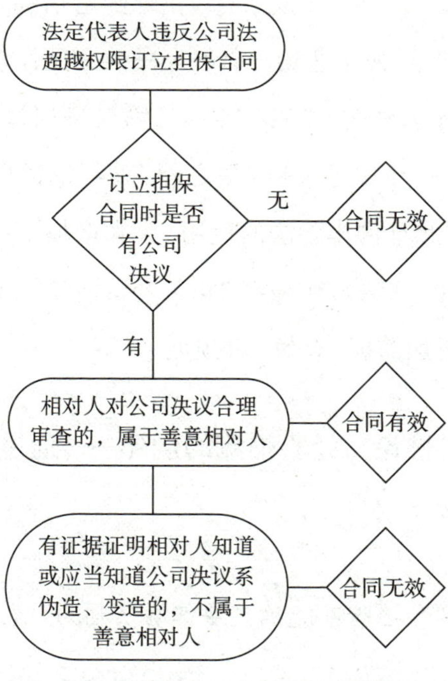

图6-3　越权担保关系中对相对人善意的否证

增加例举，可以不断克服经验推测在排他性上的弱点，让不确定概念、概括概念逐步确定下来，提高经验推测的排他率，如同用微积分计算不规则图形的面积，让计算结果不断接近准确值。比如上面提到的不确定概念“明知”,“两高”的司法解释列举了司法实践中能够归纳、细分的所有情形,大大提高了“明知”的排他率。例举也可以采用排他式,即反向例举以提高经验推测的覆盖面。以《民法典》第404条规定的动产抵押“不得对抗正常经营活动中已经支付合理价款并取得抵押财产的买受人”为例,该条有“正常经营活动”“合理价款”等不确定概念,《关于适用〈中华人民共和国民法典〉有关担保制度的解释》(法释〔2020〕28号)第56条列举了5种可以对抗买受人的例子,除这5种例举之外,动产抵押权人都不得对抗买受人,如此举例排除法的运用,大大增加了买受人取得抵押物的稳定性,让法官在确定“正常经营活动”“合理价款”的法律真实时更加简捷、有效、可预见。

三、逻辑推论与经验推测的例外——通过补充和拟制确定法律真实

(一)逻辑和经验不能确定法律真实则为“无”(6·14)

法律真实是裁判的起点,通过逻辑推论和经验推测仍然不能确定法律真实的,法官应当将“无”作为法律真实,并以此作出相应的裁判,不需要“无中生有”补充、拟制法律真实。刑事审判中的疑罪从无是最好的例子。刑事案件的法律真实,即被告有罪或无罪,此罪或彼罪,都建立在法律真实基

础上,需要由形成完整链条的证据予以证实。由于刑事证明规则的严格要求,刑事案件的法律真实既不能存疑,也不能类推,更不能拟制,法官拟制刑事案件的法律真实等同于构陷被告人。同样,与刑事案件"疑罪从无"近似,民事侵权纠纷案件中法官也不能拟制法律真实。虽然在证据规则上民事案件没有刑事案件那样严格,但民事侵权案件中如果法官拟制法律真实也无异于构陷当事人。近年来被广泛诟病"导致社会道德倒退30年"的"彭某案"①,就是法官不当拟制法律真实的典型案例。该案中,法官以"不是你撞的,你就不会扶"来反向拟制"既然你扶了,就是你撞的"的法律真实。这不仅违背侵权纠纷不能拟制法律真实的基本原则,而且违背了因果律,将"扶人"与"撞人"不相干的两个行为"拉郎配",对两者之间的因果关系进行毫无根据的臆造。

民事合同纠纷案件中当事人可以补充法律真实,拟制法律真实则由法官来完成,但有严格的限制条件,原则上也不允许法官拟制法律真实。比如,在合同纠纷案件的审理中,法官不能确定当事人有意思表示或者不能确定当事人之间的意思表示形成合意的,应当裁判合同不成立,驳回原告的诉讼请求。这是民事审判中的"疑罪从无"。

---

① "彭某案"是2007年南京市鼓楼区人民法院审理的一起侵权纠纷案件,对于彭某是否存在碰撞了原告徐某的事实,法官运用所谓"经验法则"、以"人性恶"为出发点,推定"扶人者即撞人者"。该案的法律真实其实不需要法官搞"推定",根据民事证据高度盖然性原则,可以认定法律真实。

（二）当事人协议补充形成法律真实本质上是意思自治，依照任意法补充形成法律真实体现着法律的价值导向（6·15）

民事审判中如果发现案件的法律真实部分确定，需要作必要补充的，可以通过两种途径，首先是自力补充，即通过自己的行为来补充，比如当事人以补充协议补充合同不足的部分；其次是法律补充，即通过法律的直接规定来补充当事人不能自力补充的法律真实，比如保证合同未约定保证方式的，《民法典》第686条规定“按照一般保证方式承担保证责任”。

当事人协议补充形成法律真实本质上属于意思自治，在诉讼程序中当事人之间能够达成协议的，无异于和解，可以有效避免裁判；当事人的单方行为产生新的法律真实，因为发生在审判过程中，所以受到程序法的约束。比如不动产抵押案件审理中，“以尚未办理权属证书的财产抵押的，在第一审法庭辩论终结前能够提供权属证书或者补办登记手续的，可以认定抵押有效”[①]。其中“提供权属证书”和“补办登记手续”就是当事人在诉讼过程中单方自力补充形成的法律真实，但须在“第一审法庭辩论终结前”自力补充。再如，“以违法的

① 原《关于适用〈中华人民共和国担保法〉若干问题的司法解释》（法释〔2000〕44号）第49条。

建筑物抵押的，抵押合同无效，但是一审法庭辩论终结前已经办理合法手续的除外”[①]。其中为违法的建筑物“办理合法手续”系当事人单方自力补充形成的法律真实，但也须在“一审法庭辩论终结前”。

制定法规定的任意法规范具有补充法律真实的效力，这种通过法律规定直接补充事实，是常用的立法技术，其法律意义不仅在于补充法律真实，确定法律关系，让审理顺利进行，而且起到引导的作用，体现法律的导向价值。比如上面引用的《民法典》第686条规定的“按照一般保证方式承担保证责任”，与原《担保法》第19条的规定恰恰相反，后者规定“当事人对保证方式没有约定或者约定不明确的，按照连带责任保证承担保证责任”。这一变化，体现了《民法典》在担保领域转向以债权人、债务人、担保人分担责任的立场，区别于原《担保法》有意加重担保人负担，将债务向担保人转嫁的立法取向。这一转向有利于担保关系中当事人利益的平衡，可以有效引导债权人关注债务人的偿债能力，而不是只想着把责任转嫁给担保人，对金融机构形成更加健康的贷款担保理念具有重要的引导意义。

---

① 《关于适用〈中华人民共和国民法典〉有关担保制度的解释》（法释〔2020〕28号）第49条。

（三）内容缺失、部分无效、情事变更需要法官拟制法律真实（6·16）

法律真实部分确定，已经形成了法律关系，但因为缺失部分内容，或者因为合同内容部分无效，或者出现情事变更导致出现履行障碍时，需要法官依职权拟制一部分内容，维持合同的存续，促成合同的履行。这是拟制法律真实的前提条件。不同于经验推测法律真实，拟制法律真实是“无中生有”，是对没有的内容进行创设，而经验推测是通过归纳法对已有的不确定性或概括性的法律真实进行解释确定。

合同内容部分缺失，当事人由于分歧不能自行补充，又没有任意法可以利用，此时就需要法官拟制缺失的合同内容。比较常见的“无中生有”拟制的合同内容往往篇幅很小，影响不到法律关系整体的成立，但如果不拟制的话，则有可能导致法律关系不稳定，或者导致合同难以履行。比如，购房人签订房屋买卖合同并入住后发现房屋不通天然气，只能使用电磁炉做饭，购房人以此为由要求解除合同，但买卖合同中对此未作约定，法官必须拟制这部分法律真实，补足合同缺失的内容。为此，法官根据合同约定的房屋使用目的，查阅政府对该幢建筑的规划、立项后认定，该幢建筑性质系办公用房，并以此拟制出该幢房屋“不供应天然气”的法律真实，驳回购房人的诉讼请求。

合同部分无效，但不影响合同其他部分的效力的，合同关系得以保持，但也需要拟制无效部分的法律真实，合同关系才能完整。合同内容的一部分因当事人的申请被撤销，如果法律授权法官调整合同内容，也就是授权法官先依照当事人的申请撤销原来的合同约定，再由法官来拟制新的合同内容。所以，合同内容部分无效与被撤销后再拟制新的合同内容，具有相同的本质。前者如格式条款无效后法官拟制无效部分的法律真实；后者如违约金约定的标准过高，授权法官适当降低违约金数额，拟制新的违约金标准。

以格式条款为例。如果合同中的格式条款违反了《民法典》第497条的规定，“不合理加重对方责任”，造成合同部分无效，就需要法官拟制这部分法律真实。例如，某法院执行部门的拍卖公告载明“税费由拍得人支付”，但未记载具体税费种类。在一宗土地使用权拍卖中，拍得人在支付拍卖款的时候发现需要支付的土地增值税一项就将近拍卖款的七成。拍卖公告系法院单方发布的，未经协商，其性质属于格式条款，该条款“不合理加重对方（拍得人）责任”，拍得人起诉要求裁判该格式条款无效的，不承担土地增值税，法庭应当支持。接下来，还需要法官裁判由谁承担土地增值税，这就需要法官拟制法律真实，以完成格式条款无效后的事实弥补。由于税法属于公法，法官根据税法的直接规定，即可拟制“土地增值税由转让土地使用权的单位或者个人承担”的法律真实。[1]

情事变更导致合同目的不能实现的，当事人可以解除合同，也可以调整合同，让合同继续履行。如果需要调整合同的内容，当事人因为分歧不能自行完成，则由法官调整这部分合同内容，那么合同原来约定的内容必将因情事变更而失去效力。这与上述合同部分无效后拟制法律真实本质相同。比如新冠疫情期间，承租商铺的经营户歇业半年，无法按照原合同约定支付租金，在出租方和承租方都不愿意解除合同，但又不能达成削减租金的协议时，法官按照公平原则调整歇业期间的合同租金，拟制新的法律真实，既避免了履行原合同造成当事人之间利益严重失衡，又促使合同继续履行。

（四）以合同目的为依据拟制法律真实（6·17）

合同内容缺失、部分无效或者被撤销的，不影响从合同整体上确定当事人订立合同的目的，这是合同得以继续存在的价值。合同的目的是法官拟制法律真实的依据，也是对法官拟制法律真实的约束，是对自由裁量权的限制。在情事变更情况下，合同目的落空，履行合同将造成严重利益失衡，在当事人提出调整原合同时，法官拟制法律真实就不再需要依据原合同目的，而是更新合同。比如，新冠疫情后法官根据当事人的请求调整商铺的租金，相当于拟制一个适用于疫情期间

① 《土地增值税暂行条例》第2条。

计算租金数额的新协议，法官调整租金，拟制新的法律真实，目的是平衡当事人之间的利益，维持合同关系。因此，从平衡利益的角度出发，法官调整后的租金数额必须与合同解除后的赔偿额（承租人适当赔偿出租人的）一致，才能够促使当事人各方接受调整后的租金数额。因为，如果当事人各方不接受新的租金数额，解除原合同后，出租方获得的赔偿额又不高于调整后的租金额，相比之下，收取按照新标准计算的租金，维持合同存续，更符合当事人的利益。

在合同内容部分缺失或者部分无效的情况下拟制法律真实，首要的工作是确定合同目的，方法是先直接语义，后逻辑推论。例如，买卖型担保合同关系中，债务人（出卖人）将不动产转让给债权人（买受人）获得借款（购房款），并办理不动产转让登记，当债务人到期不能偿还时，是将不动产拍卖、变卖，进行清算，还是由债权人保留不动产的所有权，让不动产直接归属债权人？当合同对此未作约定时，则需要法官进行法律真实的拟制。按照直接语义的逻辑推论方法，买卖型担保合同中的担保是名词（主词），买卖是形容词，合同的目的是担保债权的实现，不是获得不动产的所有权。因此，法官依据买卖型担保的合同目的拟制的法律真实是应当对不动产进行清算，即“清算型让与担保”。对买卖型担保合同进行清算，多退少补，不仅符合合同的目的，而且对双方当事人更加公平，债务人不用担心被债权人乘人之危，巧取豪夺，债权人也不用担心因不动产价格下跌，当初的一锤子买卖，事后吃哑巴亏。

合同部分内容被撤销后，法官拟制法律真实也要以合同目的为依据。以《民法典》第585条规定的违约金约定过高的调整为例，该条规定“约定的违约金过分高于造成的损失的，人民法院或者仲裁机构可以根据当事人的请求予以适当减少”。分析该条，首先，法庭或者仲裁庭决定“予以适当减少”违约金，是“根据当事人的请求”，因此减少违约金的权利具有形成权性质，是当事人享有的须经法庭或者仲裁庭同意才能行使的形成权；其次，形成权一旦被法庭或者仲裁庭同意，违约金将被减少，等于合同约定的原违约金标准失去了约束力，本质上是形成权撤销了原违约金；再次，法庭或者仲裁庭同意减少违约金，是因为“违约金过分高于造成的损失”，这说明合同约定的违约金的性质是补偿性违约金，法庭或者仲裁庭“适当减少”违约金是以补偿性违约金的合同目的为依据，以实际损失为标准拟制法律真实，即拟制新的违约金标准；最后，如果合同明确约定违约金是惩罚性的，合同目的是以惩罚性违约金防止特定场合下的恶性违约行为，法庭或者仲裁庭以“惩罚性违约金”的合同目的为依据，对过分高于损失的违约金则不予调整，此种情况下就不需要拟制法律真实。比如销售与民生相关的食品、药品的商家承诺“假一罚十”，性质上即惩罚性违约金，法庭、仲裁庭对此不予调整。

(五)以外部价值为依据拟制法律真实(6·18)

意思自治以当事人的意思能够涵盖的范围为限,当事人因为认知、能力的限制,或者外部条件的变化,意思出现欠缺、受挫甚至违法,意思自治反而是导致法律关系中出现缺陷的原因,此种情形下法官就需要运用外部的价值拟制法律真实,完善法律关系,让法律关系得以存续和履行。

法官运用到的外部价值,通常存在于法律、习惯、法理("普遍的法律思想")、被承认的主流价值(如"主流的社会道德"[①])、法秩序的强制要求(如公共秩序的维护)之中,法官以这些外部价值为依据拟制法律真实,核心在于遵循其中的价值取向。比如以任意法补充合同,运用习惯、道德解释合同,任意法、习惯、道德都具有明确的目的性,包含确定的价值观。在外部价值中,有一些有确定的来源和清晰的内容,比如任意法、关联法、上位法等,但更多的外部价值具有相对性,比如习惯、道德等,这是因为价值本身是人的观念,与人的主观认识紧密相连。然而,尽管价值本身不能与人类的感性相隔绝,但作为确定法律真实的价值要循着"客观化"的方向发展,而不是相反,这是对以外部价值拟制法律真实的内在限制。对相对的价值进行"客观化",要依靠经验的方法,通过大量的

① [德]卡尔·拉伦茨:《法学方法论》(第6版),黄家镇译,商务印书馆2020年版,第366页。

调查数据，归纳其中存在的得到普遍公认的价值取向，再以这种经过经验归纳的、普遍公认的价值，拟制法律真实。

以百某勤破产清盘中的AIFMC股权定价为例。百某勤系1988年创立于我国香港地区的一家投资公司，其于1994年与其他股东成立AIFMC，即亚洲某基金管理公司，1998年百某勤宣告清盘。根据AIFMC股东协议，假如其中一个股东清盘，其他股东有权以基金成立时的票面值，向正在清盘的股东购回所持的基金股权，除非其他股东无意购回资产，遭受清盘的股东，才有权向外人出售所持的基金股权。香港法官认为，执行该协议会令百某勤公司以低于市值的价钱贱卖资产，违反保护破产公司债权人的精神，因此，宣告协议无效。该案中香港法官以保护债权人利益为由裁判协议无效，令百某勤在AIFMC中的股权价值如何定价出现空白，需要法官拟制法律真实，重新对股权定价。法官裁判协议无效并没有依据香港法律，而是认为协议“违反保护破产公司债权人的精神”，显然是以“保护破产公司债权人”的法律价值为裁判依据，近似于《民法典》规定的公序良俗原则，具有道德性质。那么，既然法官以“保护破产公司债权人”的法律价值裁判协议无效，同样要以该法律价值拟制法律真实，重新为AIFMC股权定价，即按照市场价格定价。显而易见，在百某勤清盘时AIFMC股权的市场价值高于基金成立时的票面值。如果低于票面值，法官可以同样基于“保护破产公司债权人的精神”，裁判协议有效。在该案中,AIFMC股东协议的价值观是维持基金股东的稳定和分享基金收益,在百某勤破产后,该价值观明显低于“保护破产公司债权人”的价值观,后者才是“主流的社会道德”,是法官拟制法律真实的依据。

第七章　裁判的形成（二）：确定法律真意

裁判形成的基石是法律理性确定性法则中的四个确定，其中，除确定法律真实自成体系外，其他三个确定——法规范（法学知识）确定、法方法确定、法律价值确定——都统一在确定法律真意的过程中。

一、确定法律真意就是确定法律的实质理性——法律价值

（一）法律真意由立法者预设在法律之中，奉法者的任务是解释、确定法律真意，而不是新设、续造（7·1）

法律科学因解决问题而生，以解决问题为目的，解决问题的途径是不断创设和完善符合理性的制定法，让制定法无限趋近理性法。在创设制定法的实践中，法律科学中的理论法学为制定法提供概念、原则、命题、价值、方法、体系等科学知

识,以及法律应用智慧;应用法学以逻辑、经验为工具,发现、确定制定法中的法律真意,正确进行法律评价。从注释法学到评价法学,从法理学到法教义学,所有法律智慧都各自以特定的切入方式和方法围绕着创设、解释、完善法律真意展开,也正是在创设、解释、确定法律真意的过程中,法学所有的学科都具备了解决问题的能力,理论法学与应用法学相结合,不断推动着法律科学的发展、完善。

无限趋近理性的制定法是法律科学集大成的科学成果,所有法学研究的成果都以适当的方式体现在制定法中,制定法既是法律科学的产品,又是法学研究的结晶,法律真意必须在制定法中寻找、确定,执法者、司法者等奉法者必须遵循制定法才能寻获法律真意。创设、续造制定法不是法律的解释,而是法律的发展,不是奉法者的任务。在大陆法系中,创设、续造法律由立法者来完成,在普通法法系中虽然可以由法官来承担,但创设、续造法律的法官已经在扮演着立法者的角色。

(二)法律真意就是法律的价值,从法规范中自觉读取法律价值是掌握法律科学的重要训练(7·2)

正如前述耶林所言,“目的是全部法律的创造者”,“每一条法律规则都有旨在实现法律秩序某种价值的目的”[①],法律的目的即法律的价值,是法律理性中的实质理性,是裁判的终

① [美]E.博登海默:《法理学:法律哲学与法律方法》,邓正来译,中国政法大学出版社2004年版,第115-116、202页。

极依据，法官确定法律真意就是从法规范中发现、确定法律的价值和目的，贯彻到法律实施中，实现良法善治。

法律实施者从法规范中确定法律真意，不能仅仅停留在理解法律条文的意思层面，而要直指法律条文所代表的法律价值，确定法律条文所追求的良法善治的目标，然后才能准确进行法律评价，正确贯彻法律的实质理性。这不仅是法律科学应用的基本准则，也是掌握法律科学的重要训练。比如，法律实施者从《民法典》第130条规定的“民事主体按照自己的意愿依法行使民事权利，不受干涉”中要读出“自由”（积极自由）的法律价值，从《民法典》第132条规定的“民事主体不得滥用民事权利损害国家利益、社会公共利益或者他人合法权益”中要读出“一个主体的自由以另一个主体的自由为边界”（消极自由）的法律价值。法律价值是人类价值体系中值得由法律来弘扬和维护的价值，学习法律的人读法律条文，有意识地从法律条文中发现、确定法律价值，不仅可以深刻理解法律真意，而且可以建立起自身的法律价值体系，自觉运用整体法律价值观，消除认识分歧，解决疑难问题。

（三）从法规范中确定法律真意要坚持工具理性的科学精神，不以个案的特殊性排斥法律价值的普遍适应性（7·3）

法规范的语义是立法智慧与语义逻辑的结合，具有极高的精确度。随着立法技术的发展,法规范的表达也将越来越精确,即便是普通人也能读取其中的语义,法律人更不例外。一条法律需要解释又解释,并在抽丝剥茧,层层分析,正反面论证后仍然存在分歧或者疑问的,该条法律必是赝品、次品。语义表达精确的法规范也需要解释,这是人类语言文字本身的逻辑属性决定的,不是法规范的不足,但即便如此,大多数表达精确的法律条文不需要过度解释就能直接读取其中的真意,只有少数条文需要通过复杂的逻辑推断和经验判断间接确定其真意。

无论是直接读取法律真意还是间接确定法律真意,都需要遵循和运用工具理性。如前所述,工具理性"强调手段的合法性和科学性,而与目的无涉",是客观的分析、思考过程,既不需要高级智慧,也不需要高尚情操,但需要科学精神。确定法律真意中的科学精神就是利用科学方法,坚持客观态度,前者指运用科学的逻辑演绎法和经验归纳法确定法律真意,不能凭直觉;后者指尊重制定法,不以法律实施者的个体经验否定制定法中立法者的集体智慧。条文化的法律不可能严丝合缝地适用于生活化的个案,但法律条文中的法律价值比法律条文更有韧性,有着极强的适应性,法官的任务恰恰在于运用工具理性确定法律价值,从容、余裕地适用于个案,妥当进行法律评价,而不是以个案的边边角角恣意否定法律价值的普遍适应性。动辄以法律不符合司法实践来否定法律的法官,既不能正确适用法律，又不能正确把握法律科学。

二、形式理性法规范的法律真意

（一）形式理性法规范通过语义解释直接确定法律真意（7·4）

形式理性的法规范是语义清晰、命题清晰、法律价值清晰的法规范，具有法律实质理性形式化的特征，其所包含的法律价值在语义表达上做到了精确化、外观化、标准化，仅仅凭借语义解释就可以从法规范的表达中确定其实质化的法律价值。形式理性法规范高度形式化、理性化的语义形同法律命令，既不需要诉诸逻辑推断，也不需要任何权威机关的解释，普通人识字断句就能读取其中的法律真意。语义解释是逻辑解释方法中第一顺位的解释方法，通过语义解释即可确定法律真意的，不必诉诸其他的逻辑解释方法，形式理性性质的法规范就是最为典型的仅凭语义即可确定其法律真实的法规范，执法者、司法者不必借助其他解释方法，更不必复杂化解释过程。

法律科学在持续概念化、类型化的形成过程中，形式主义理性的知识体系逐步形成，形式的、理性的制定法成为法律科学的直接成果，成文法和法典化也越来越成为立法选择，形式理性法规范不断产生、发展、壮大。程序法是形式主义的急先锋，前述所引马克斯·韦伯关于理性的、形式的程序法“不仅能排除传统的束缚和恣意,并且主观的权利也因此只能以客观的规范为其唯一的根源”的阐述,同样也适用于形式化、理性化的实体法。实体法和程序法的“法律形式主义可以让法律机制像一种技术合理的机器那样来运转”[①],更加有利于形式正义[②]的实现。实体法中的刑法在整体上更加具有形式理性,刑法法条的语义是刑法解释适用的唯一来源,形式理性构成刑法教义学的本质特征。[③]注重发展法律的形式理性,不仅是大陆法系国家的选择,即便是作为“经验性”技艺的普通法国家,“在私法领域里,包括习惯法和衡平法也都由于判例拘束主义的结果,而在其实际的处理上相当程度地示现为‘形式主义的’”[④]。

形式理性性质的法规范是形式主义理性的法律科学在制定法里的典型表达,在程序法和实体法中普遍存在。按照内容划分,形式理性法规范可以简单划分为时间、数目、身份、资格、形式五种类型。时间类的,包括期间、期限、时效、年龄等;数目类的,包括全体、半数、10%、2/3等;身份类的,包括

① [德]马克斯·韦伯:《法律社会学　非正当性的支配》,康乐、简惠美译,上海三联书店2021年版,第228页。

② 形式正义要求同等案件同等对待,法律将更具可预测性,并因此实现法治的理想。[瑞典]亚历山大·佩岑尼克:《法律科学:作为法律知识和法律渊源的法律学说》,桂晓伟译,武汉大学出版社2009年版,第226页。

③ 陈兴良:《刑法教义学中的形式理性》,载《中外法学》2023年第2期。

④ [德]马克斯·韦伯:《法律社会学　非正当性的支配》,康乐、简惠美译,上海三联书店2021年版,第344页。

自然人的成员身份、配偶身份、亲属身份等；资格类的，包括法人资格、非法人资格、代表资格、代理资格、特许资格等；形式类的，包括要式、登记、公告、通知等。

（二）形式理性法规范的法律价值单一，能够有效排除价值分歧（7·5）

观察上述五种类型具体的形式理性法规范，可以直观地发现这些法规范的法律价值清晰、具体、确定，能够有效地排除价值分歧，具有超稳定的法律适用优势。因为形式理性法规范只包含一种法律价值，所以法官要“执其一端”，一以贯之，坚决以形式理性法规范中弘扬的法律价值进行法律评价，排除价值分歧，防止自陷矛盾。其他类型的法规范，可能包含不止一种法律价值，法官在适用这类法规范时有必要按照案件事实寻找妥当的价值，不“执其一端”，而是“执其两端”，找到“中庸”的裁判方案。[①]下面以《公司法》第64条规定的期限为例，分析如何坚持其中的法律价值和防止自陷矛盾。

《公司法》第64条规定：“召开股东会会议，应当于会议召开十五日前通知全体股东。但是，公司章程另有规定或者全体股东另有约定的除外。”该条规定的“十五日前”是期限型的形式理性法规范，具有建立与维护公司内部秩序的法律价值，因此，在章程没有“另有规定”，全体股东没有“另有约

① 参见《中庸》第6章“执其两端，用其中于民”。

定”的情况下，假如某公司于股东会会议召开“五日前”才通知股东，并作出决议，股东无论参会与否，都可以依照《公司法》第26条的规定，自决议作出之日起六十日内，请求人民法院撤销股东会决议。这里的“六十日”是另一个期限型的形式理性法规范，也具有维护秩序的法律价值。当期限型的形式理性法规范清晰、具体、确定地规定在法规范中，能否适用《公司法》第26条“但书”的规定，认定违反期限的规定属于“轻微瑕疵”，“对决议不产生实质影响”呢？按照上述“执其一端，一以贯之”的法律适用逻辑来分析，违反期限的规定不属于“轻微瑕疵”，而是“重大瑕疵”，不适用《公司法》第26条规定的“但书”。即，当《公司法》第64条明确规定了召开股东会议的“期限”，期限属于形式理性法规范，具有维护公司内部秩序的确定无疑的法律价值，《公司法》第26条规定的“但是，股东会、董事会的会议召集程序或者表决方式仅有轻微瑕疵，对决议未产生实质影响的除外”中的“轻微瑕疵”就当然不能包含违反期限规定。如果反过来，把违反期限的行为归入“轻微瑕疵”，在遵守期限的规定还是轻视期限的规定上“首鼠两端”，必将产生法律价值上的矛盾，法官也将拥有极大的自由裁量权。最终，期限的规定将无人遵守，并进而引发多米诺骨牌效应，法律规定的所有期限类型的秩序都将依次崩坏。期限型的形式理性法规范的法律价值是通过建立秩序（稳定的秩序）实现形式正义，法官在裁判中遵循形式理性法规范的法律价值，是以公权力维护秩序，反之就是以公权力破坏秩序。

形式理性法规范具有武断的特性，反映着一个国家对某一种法律价值的民族的、历史的、社会的综合判断与选择，有利于秩序的形成和实现裁判的稳定、可预测。对于形式理性法规范，法官无须发掘其背后的立法原因，也无须进行比较法研究，而是严格地予以适用。比如，关于时间类的形式理性法规范——刑事责任年龄，各国法律规定不尽相同，但其法律价值都是对人权的保护和秩序的维护，法官严格适用刑事责任年龄的规定，无须探究其立法理由，也无须比较哪个国家规定得更合理。

（三）形式理性法规范的法律价值明确，不能过度解释，禁止例外解释（7·6）

形式理性法规范具有明确（且单一）的法律价值，通过语义解释即可直接读取，因此不能过度解释，不仅法官不能过度解释，立法者也不能过度解释，即便是拥有立法性权利的最高司法机关，也要杜绝通过司法解释对形式理性法规范进行过度解释，更禁止作例外性的解释。下面以登记型的形式理性法规范的解释适用为例，来观察过度解释对法秩序的危害。

第一个例子是原《担保法》第41条规定不动产抵押以抵押合同的登记为生效要件，该条明确规定以具有形式理性性质的登记为民事法律行为生效要件,表明国家采用不动产权利变动的实质主义(虽然在语义表述上不尽完美),因此不动产抵押登记的形式成为取得抵押权的实质条件。之后,原《关于适用〈中华人民共和国担保法〉若干问题的解释》第59条规定因登记部门的原因致使无法办理抵押物登记,抵押人向债权人交付权利凭证的,可以认定债权人对该财产有优先受偿权①。该解释以"因登记部门原因无法办理抵押物登记"和"向债权人交付权利凭证"对原《担保法》规定的登记取得不动产权利进行了例外解释,虽然该解释是为了照顾当时各地开展登记工作的差异,但明显有损于国家通过法律明确选定的不动产变动的实质主义,撕开了不动产变动制度的"口子"。

第二个例子如同上面过度解释的翻版。《关于人民法院办理执行异议和复议案件若干问题的规定》(法释〔2015〕10号)第28条第4项规定了"非因买受人自身原因未办理过户登记"作为买受人执行异议成立的条件。第28条本意是保护未办理不动产过户登记但合法占有不动产的买受人,此时原《物权法》已经生效,不动产物权的取得完全采用了登记取得的实质主义,未办理不动产登记即未取得不动产物权,对于因何原因未办理登记在所不问。不动产登记是形式理性法规范,不需要过度解释,但该条第4项规定"非因买受人自身原因未办

① 原《担保法》已在《民法典》生效后失效,原《担保法》司法解释也随着《民法典》担保制度司法解释的颁布而失效,随着立法的进步,司法解释也一起进步。

理过户登记”显然是过度解释，其解释语义似乎是为不动产物权登记过户提供一个“因何原因未登记”的制度“口子”。此项解释不仅完全不必要，而且混淆了占有保护与所有权保护的区别。事实上，该条是对不动产合法占有人的保护，并不需要合法占有人取得不动产的所有权，只需要证明占有人合法占有，合法使用、收益，合法占有人对不动产的合法占有就不能被强制执行所剥夺。换言之，不动产合法占有人的执行异议之所以成立，是因为其是合法占有人，而不是“非因买受人自身原因未办理过户登记”。

三、语义确定的法规范的法律真意

（一）语义确定的法规范通过逻辑解释确定法律真意，核心解释方法是目的解释法（7·7）

语义确定的法规范指法条的语义中无不确定概念、概括概念的法规范，这样的法规范不需要先确定概念，再解释语义。语义确定的法规范也需要通过法律解释方法确定其法律真意，只不过有的法规范可以通过语义解释直接读取法律真意，无须过度解释，比如上述形式理性法规范，有的法规范则需要通过逻辑演绎确定法律真意，甚至是需要较为复杂的逻辑推演过程。

法律的逻辑解释方法众多，有语义解释、当然解释、反对解释、整体解释、体系解释、法系解释、立法解释、目的解释以及类推适用等,但核心只有一个,即目的解释,所有的逻辑解释方法都是为了寻找、确定法规范的目的,也就是法规范的法律价值,法律价值是法律的真意,是裁判的标准。逻辑演绎作为人类思考的工具本身不复杂,如流水行云,自然生发,但在确定法律真意的逻辑演绎中,不乏一些较为特别的法律技术问题,需要在逻辑确定法律真意的过程中予以关注。

(二)法规范中存在复数法律价值或者同一法律价值有复数受益人的,要分清原则与例外以及举证责任(7·8)

语义确定的法规范如果法律价值单一,没有价值分歧,则具有超稳定的法律适用优势。如果法规范明确存在复数的法律价值,不仅要清楚其中每一个法律价值,而且要区分何为原则,何为例外,同时,每一个价值都需要法律真实支持,要明确举证责任由谁承担。同一法律价值之下有复数受益人的,也需要通过以上逻辑演绎来确定其法律真意。

比如,《民法典》第311条规定:“无处分权人将不动产或者动产转让给受让人的,所有权人有权追回;除法律另有规定外,符合下列情形的,受让人取得该不动产或者动产的所有权:(一)受让人受让该不动产或者动产时是善意;(二)以合理的价格转让;(三)转让的不动产或者动产依照法律规定应当登记的已经登记,不需要登记的已经交付给受让人。”首先,该条存在两个法律价值,一是保护所有权人的利益,维护财产安全；二是保护受让人的利益，保护交易安全，是复数法律价值的法规范。其次，保护所有权人利益规定在先，保护受让人利益规定在后，而且保护受让人利益附加了三个条件，因此保护财产安全法律价值是原则，保护交易安全法律价值是例外。最后，按照原则和例外的逻辑关系，如果例外不成立，则按照原则办。因此，所有权人只需要举证证明自己的所有权，受让人则要承担附加三个条件所对应的法律真实的举证责任，如果受让人举证不能，则按照保护所有权人的原则处理。按照以上逻辑演绎可以清楚地发现，在一般民事关系中，保护财产安全优于保护交易安全，在家庭、夫妻共有财产的保护中也遵循同样的原则。

法规范中虽然只有一种法律价值，但存在复数受益人的，也同样要区分原则与例外，分清举证责任。比如，在商事活动中，保护交易安全表现为主要法律价值。前述《公司法》第88条第2款规定："未按照公司章程规定的出资日期缴纳出资或者作为出资的非货币财产的实际价额显著低于所认缴的出资额的股东转让股权的，转让人与受让人在出资不足的范围内承担连带责任；受让人不知道且不应当知道存在上述情形的，由转让人承担责任。"其中，转让人与受让人承担连带责任是原则，保护的对象是与公司有交易的相对人，比如公司债权人，体现了保护相对人的交易安全。然后，以受让人"不知道且不应当知道"出资不足为附加条件，保护善意受让人的利益，体现了保护诚信交易者的交易安全。无论是保护公司相对人，还是保护受让人，都体现了保护交易安全的法律价值，但以保护相对人的利益为原则，以保护受让人的利益为例外。因此，如果受让人不能证明自己“不知道且不应当知道上述情形”，则按照原则办。受让人需要承担对“不知道且不应当知道”的举证责任，举证责任比较沉重，体现了《公司法》第88条原则上保护公司相对人的交易安全。

（三）法规范语义涵摄范围与法律价值不匹配，要进行目的性扩张或者目的性限缩解释(7·9)

法规范语义涵摄范围与法律价值匹配或者不匹配都比较常见，并非立法技术上的不足，通过目的解释可以使两者匹配起来。目的解释能够将制定法的稳定性与灵活性相结合，让制定法能够更好地适用社会生活的需要，这就是目的解释能够成为逻辑解释的核心方法的原因。法律的目的即法律的价值，法规范语义涵摄的范围必须与法律价值相匹配，目的性扩张、目的性限缩解释方法的作用就是匹配法规范的语义与法规范的法律价值。

若法规范的语义涵摄范围不足，需要按照法规范的法律价值进行扩张，使法规范的法律价值发挥相应的、更大的作用。比如机关法人在办公楼上设定抵押权，为企业向银行贷款提供担保，该行为的性质是公权力机关涉足商业活动，与公权力机关服务于社会的公益目的相抵触，应当作无效处理，但制定法对此并无直接规定。《民法典》第683条规定了“机关法人不得为保证人”，抵押与保证属于性质不同的担保行为，不具备类推适用该条的条件，但通过该条可以得出法律明确禁止机关法人为担保人的法律价值，因此，应当按照“机关法人不得为担保人”的法律目的，扩张解释《民法典》第399条第3项的规定，将该项规定的不得抵押的“学校、幼儿园、医疗机构等为公益目的成立的非营利法人的教育设施、医疗卫生设施和其他公益设施”，扩张到机关法人的设施，即扩大该项法规范语义的涵摄范围，以符合法律禁止机关法人为担保人的法律目的。①

若法规范的语义涵摄覆盖面太宽，完全按照语义涵摄范围进行普遍适用，则不能体现法律的价值，因此需要作目的性限缩。比如《公司法》第15条第1款规定，“公司向其他企业投资或者为他人提供担保，按照公司章程的规定，由董事会或者股东会决议”，该款规定的目的是通过建立公司内部管理秩序以防范公司经营风险和保护中小股东的权利不受大股东、控股股东的侵害，法律价值很明确。然而，由于该款中“公司”一词的语义覆盖所有按照《公司法》设立的公司，该款又位于

---

① 笔者在最高人民法院工作期间，审理过某省驻京办将其在北京的办公大楼抵押给银行的案件，当时尚无《物权法》，但原《担保法》已经颁布，法庭即按照目的性扩张的逻辑，裁判抵押行为无效。

《公司法》总则，其适用效力覆盖整个分则，因此从法规范的语义涵摄范围上看，专门从事担保业务的金融机构、担保公司和没有其他股东的一人公司都覆盖在该款适用范围内，这样该款“防范公司经营风险和保护中小股东的权利不受大股东、控股股东的侵害”的法律价值就不能得到体现，产生范围过宽的问题。为此，《关于适用〈中华人民共和国民法典〉有关担保制度的解释》(法释〔2020〕28号)采取目的性限缩解释方法，在第8条、第10条作出限缩解释，排除了金融机构、担保公司、一人公司对《公司法》第15条第1款的适用。

(四)适用、参照适用是以法规范中确定的法律价值为指引，通过立法技术扩张法规范的适用范围(7·10)

法律价值具有普遍适应性，不同的法律行为如果遵循的是相同的法律价值，可以采用适用、参照适用的立法技术，扩张法规范的适用范围，节约制定法的篇幅。因此，确定法律真意不仅具有为法律评价提供标准的作用，而且具有扩张法规范适用范围的延伸作用。适用又称为直接适用，参照适用又称为准用，属于本质相同的立法技术，是立法者以确定的法律价值，引导执法、司法者在法律体系内寻找适当的法规范，以适用于遵循相同法律价值的不同法律行为。适用、参照适用之间存在区别，适用是直接适用，参照适用是法定类推适用，参照适用法规范的法律行为之间的法律价值相似度比直接适用法规范的法律行为之间的法律价值相似度稍弱，但从社会科学的经验分析立场看，这样的区别不足以影响法律价值在这些不同法律行为上的普遍适应性。换言之，凡是可以直接适用、参照适用同一法规范的各个法律行为都被视为具有相同的法律价值取向。

适用、参照适用是立法者预设的找法方法，无论是适用、参照适用某一具体法条，还是适用、参照适用某章某节的法条，都具有法律价值上的确定性。基于相同的法律价值适用、参照适用的法规范，有的指向法规范自身的其他款项，比如《民法典》第311条第3款规定当事人善意取得其他物权的，“参照适用前两款规定”；有的指向本章其他法规范，比如《民法典》第656条规定供用水、供用气、供用热力合同“参照适用供用电合同的有关规定”；有的指向本编其他章的法规范，比如《民法典》第769条规定保理合同“本章没有规定的，适用本编第六章债权转让的有关规定”，第808条规定建设工程合同“本章没有规定的，适用承揽合同的有关规定”；有的指向总则、通则的法规范，向一般条款“逃避”，比如《民法典》第467条规定“本法或者其他法律没有明文规定的合同，适用本编通则的规定”；有的指向其他制定法的法规范，比如《民法典》第11条规定“其他法律对民事关系有特别规定的，依照其规定”，既包括《民法典》有规定但其他法律有特别规定的情形（特别法优先），也包括《民法典》没有规定，其他法律有规定的情形，“依照其规定”即“直接适用”其他法律的规定。

（五）类推适用补充制定法的不足，以逻辑确定法规范的法律价值为前提和基础（7·11）

类推适用指法官以法律价值确定的法规范适用于没有法律的直接规定但应当遵循同一法律价值取向的法律行为，性质上属于法官在裁判中行使自由裁量权，补充法律漏洞。类推适用尽管是具有主观性的法律解释方法，其逻辑性和确定性也并不缺乏：一是类推适用的法规范具有在逻辑上确定的法律价值，二是法规范类推适用的法律行为与法规范自身调整的范围在性质上相同或者相似。比如，主合同当事人双方协议以新贷偿还旧贷，保证人不知情的，按照原《关于适用〈中华人民共和国担保法〉若干问题的解释》第39条的规定，[①]保证人不承担保证责任。但是，如果提供担保的不是保证人，而是第三人提供抵押物、质物，第三人不知情，能否免除第三人的物上担保责任呢？在法律没有明确规定的情况下，法官适用该司法解释第39条关于保证关系的司法解释，裁判提供抵押物、质物的物上担保人不承担担保责任的，就是类推适用。该司法解释第39条的法律价值是保护诚实信用和维护意

① 原《关于适用〈中华人民共和国担保法〉若干问题的解释》第39条规定：“主合同当事人双方协议以新贷偿还旧贷，除保证人知道或者应当知道的外，保证人不承担民事责任。新贷与旧贷系同一保证人的，不适用前款的规定。”

思自治，在同一个担保法的体系内，各种担保关系都在性质上相同或者相似，都应当遵循相同的法律价值，因此将适用于保证关系的法规范适用于抵押关系、质押关系，符合类推适用的条件。《民法典》颁布后，《关于适用〈中华人民共和国民法典〉有关担保制度的解释》第16条将以新贷偿还旧贷法律关系中的所有担保行为合并规定在同一条款中，不再需要法官作类推适用，这样的解释方法更加彰显了担保关系应当适用相同法律价值的司法立场。

符合类推适用条件的，法官有责任采用类推适用方法，去解决法律适用中的疑难，而不应该闭目塞听，听任应当遵循相同法律价值的法律行为走向价值冲突。比如《企业破产法》第46条规定，“未到期的债权，在破产申请受理时视为到期。附利息的债权自破产申请受理时起停止计息”。按照该条法规范的明确规定，主债权自破产申请受理时不仅视为到期，而且停止计息，那么担保债权是否也停止计息？对于该疑问，解决的方法至少有两个：一是将“未到期的债权”扩大解释为包括“主债权的从债权”；二是将担保债权计息问题类推适用上述第46条的规定，因为主债权与从债权应当遵循相同的法律价值。如果采用类推适用的方法，法官不难发现从债权应当与主债权遵循相同法律价值的基本法理，类推适用不存在法律适用障碍。因此，在此种情形下，法官有责任进行类推适用，既解决法律适用上的疑难，又维护法律价值的普遍适应性。反之，如果法官拒绝类推适用，僵化地以法律没有明文规定为由继续对担保债权计息，无疑会形成主债权停息而从债权计息的撕裂局面，导致主从关系中的法律价值相悖。关于担保债权在破产申请受理后是否停止计息的问题，一定时期内一些法院存在较大的认识分歧，在《民法典》颁布后，随着《关于适用〈中华人民共和国民法典〉有关担保制度的司法解释》第22条明确规定“停止计息”，分歧才告一段落。其实，解决该问题只需要合理运用法律解释方法。

（六）语义确定的法规范不能运用比较法增减法规范涵摄的范围（7·12）

比较法解释作为一种法律解释方法，主要由法律学者运用于应用法学研究，没有特别限制，法官必须遵循法规范的语义进行逻辑解释，不能脱离开本国的法规范去运用比较法的解释方法，因此制定法是法官运用比较法解释的边界。对于在法律论证中学者和法官的区别，瑞典学者亚历山大·佩岑尼克有较为细致的分析，比如，“学者们可以自由地诉诸心中的理想法，甚至大胆提出新的法学方法，而法官则必须根据通行的法律方法作出正确的裁判”[1]。学者诉诸的理想法是“理想”的，那么就必然超越现实法；法官则必须基于现实法，并且要

① ［瑞典］亚历山大·佩岑尼克：《法律科学：作为法律知识和法律渊源的法律学说》，桂晓伟译，武汉大学出版社2009年版，第7页。

“根据通行的法律方法”作出裁判，只能限于本国有效的法规范，通过逻辑演绎解释法规范的法律真意。法官运用比较法解释方法的前提是制定法没有规定，需要通过法律论证从制定法外寻找法律评价的标准。详见下一章。

若语义确定的法规范通过逻辑演绎能够确定法律真意，而且法律真意所体现的法律价值与语义涵摄的范围没有冲突，则不需要扩张或者缩小法规范涵摄的范围。以破产清算中的劣后债权为例。《公司法》第236条第2款规定，“公司财产在分别支付清算费用、职工的工资、社会保险费用和法定补偿金，缴纳所欠税款，清偿公司债务后的剩余财产，有限责任公司按照股东的出资比例分配，股份有限公司按照股东持有的股份比例分配”。该条对“清偿公司债务”未作主体上的限制，因此只要是合法的债务，无论是公司欠普通债权人的债务，还是公司欠股东、公司内部人员（如公司高管等）的债务，都应当按照统一顺序平等清偿，没有优先劣后之分。查阅《企业破产法》关于破产清算的章节，也未发现有破产劣后债权的规定，因此，可以确定《公司法》第236条第2款的法律真意中并无劣后债权“劣后清偿”的法律价值。关于劣后债权的问题，在比较法上并不新鲜，各国法律的规定也不尽相同，当本国法律没有关于劣后债权的规定时，法官进行裁判不能运用比较法，比如参考英美法的“深石规则”，裁判股东对公司的债权劣后于普通债权人，通过裁判“创造”劣后债权制度。

四、语义含有不确定内容的法规范的法律真意

(一)法规范语义的不确定内容通过经验法补充(7·13)

形式主义理性的制定法整体上是科学的、逻辑的,法规范在命题的表述上是确定的,“凡是能够言说的,都能够说得清楚”[①],凡是记载在制定法中的法规范,其法律真意都可以通过逻辑演绎予以确定。如果法规范本身包含不确定概念、概括概念或者兜底条款,虽然仍要运用逻辑解释方法,但不确定概念、概括概念、兜底条款要先通过经验法归纳、确定其内容,然后才能进行逻辑演绎。即经验法是逻辑法的辅助,用于确定法规范语义中的不确定部分。

法规范语义中存在的不确定部分,都涉及事实问题,通过经验归纳来补充、确定这些事实,是法律科学研究的重要科学方法,体现了法律科学的科学性。法规范语义的不确定是相对的不确定,比如,相对于“十五日”“半数”“法人”等确定概念来说,诸如“合理”“正常”“善意”“明知”“诚信”“良俗”等概念的内容不能通过语义解释直接确定,需要进一步解释、追问。此外,一些法规范使用“其他”字样作为兜底条款,为法规范适用于相同或者相似的情形提供便利,“其他”也需要通过经验去发掘、归纳其应当具有的确定的内容。

---

① [英]维特根斯坦:《逻辑哲学论》,黄敏译,中国华侨出版社2021年版,第29页。

（二）经验解释是在法律价值基础上的综合归纳（7·14）

经验归纳反映的是一定条件下人们对世界的观察和总结，具有客观性，但不具有终极性，需要不断发展，法规范中的不确定概念、概括概念所涉及的事实也是不断发展、更新的经验观察和总结。由于法规范有法律价值的目的性，对法规范中的事实的发掘、总结必须符合法规范的法律价值，这不是对事实本身的重塑，而是对众多事实的选择，选择能够反映法规范的法律价值的法律真实。

法规范确定的法律价值是经验归纳的基础，在此基础上归纳符合法律价值的各种情形，由于经验世界是丰富的、复杂的，因此需要综合归纳。比如，《关于适用〈中华人民共和国民法典〉物权编的解释（一）》（法释〔2020〕24号）第18条规定《民法典》第311条中所称的“合理的价格”，“应当根据转让标的物的性质、数量以及付款方式等具体情况，参考转让时交易地市场价格以及交易习惯等因素综合认定”。然而，如果“综合认定”涉及的因素太多，将导致归纳的可信度降低，需要另辟蹊径，比如《关于审理买卖合同纠纷案件适用法律问题的解释》（法释〔2012〕8号，2020年经法释〔2020〕17号修正）第12条规定，《民法典》第621条中的“合理期限”应当综合“交易性质、交易目的、交易方式、交易习惯”等15种因素进行归纳,如此多的因素参与归纳,其归纳的结果必然弹性太大,变数太多,降低了经验归纳的可信度。因此,对于因素太多、变数太多的不确定概念,宜采用行业习惯予以确定。比如,随机挑选从事过此种买卖行为的人士进行访谈、商谈,综合群体认识,寻找最大公约数,度量“合理”与否的界限。或者,由司法解释根据审判经验直接规定“合理期限”,比如,《关于审理商品房买卖合同纠纷案件适用法律若干问题的解释》(法释〔2003〕7号,2020年经法释〔2020〕17号修正)第11条规定,《民法典》第563条规定的“当事人一方迟延履行主要债务,经催告后在合理期限内仍未履行”中的“合理期限”,在商品房买卖中是“经催告后在三个月的合理期限内”,即在商品房买卖中迟延支付购房款的催告的“合理期限”是“三个月”。这一规定直截了当,便于法律的适用,也是审判经验总结的结果。

(三)经验列举的或者排除的内容应当具有相同的法律价值(7·15)

不确定概念、概括概念的法律价值是确定的,这为采取经验列举法或者排除法以确定法规范语义中不确定部分的内容提供了标准。

通过总结审判经验来列举法规范语义中不确定部分的内容,是司法解释的常用方法。以“明知”为例。刑法中的“明知”体现的是犯罪行为人的主观故意，法律以“明知”为要件，其法律价值是打击故意犯罪，因此，通过经验归纳的“明知”行为都应当能够反映行为人的主观犯罪故意。比如，《刑法》规定走私罪以犯罪行为人“明知”为要件，“两高”《关于办理走私刑事案件适用法律若干问题的意见》（法〔2002〕139号）第5条规定了7种可以认定为“明知”的情形，其中包括逃避海关监管运送禁止进出境的物品、在非设关地点买卖非法进出境物品、提供虚假商业单证办理通关等，这些都清晰地反映了行为人所具有的犯罪主观故意。

通过排除法确定法规范语义中不确定部分的内容，所排除的情形也应当具有相同的法律价值。以“善意”为例。“善意”是行为人“既不明知也不应知”的主观状态，法律规定“善意”作为要件，体现了对诚信者的利益予以保护的法律价值。比如《民法典》第311条规定受让人可以善意取得无权处分的不动产或者动产，对于受让人“善意”的认定，《关于适用〈中华人民共和国民法典〉物权编的解释（一）》（法释〔2020〕24号）第15条规定了5种被排除出“善意”的情形，比如登记簿上存在有效的异议登记、登记簿上存在未到期的预告登记、登记簿上有查封记载等，这些被排除的情形都反映了受让人的“非善意”，本质上是受让人“不诚信”，与《民法典》第311条保护诚信交易者交易安全的法律价值不符。

（四）法规范中的兜底条款属于直接适用，适用的对象必须在形式和价值上与法规范的要求一致（7·16）

法规范的语义中有“其他”的表述的，被称为兜底条款，属于立法留白，“其他”本身没有解释的价值，不是解释的对象，但“其他”为方便法规范适用于遵循着同一法律价值的其他情形，扩大法规范的适用范围提供了“窗口”。由于“其他”直接规定在同一法规范中，将“其他”情形适用该法规范，性质上属于直接适用，而非准用。兜底条款虽然在语义上不确定，但法规范中已经明确描述的情形是确定的，以此为模板，通过经验归纳不难为兜底条款补充确定的内容。

首先，要根据法规范中明确描述的情形，确定法规范的法律真意。比如，《票据法》第31条规定：“以背书转让的汇票，背书应当连续。持票人以背书的连续，证明其汇票权利；非经背书转让，而以其他合法方式取得汇票的，依法举证，证明其汇票权利。”该条中“以其他合法方式取得”的表述，即属于兜底条款。关于合法取得票据权利的要求，《票据法》第10条规定，“应当遵循诚实信用的原则，具有真实的交易关系和债权债务关系”，据此可以确定《票据法》第31条关于“合法取得票据权利”的规定，其法律真意是保护基于“真实交易关系和债权债务关系”取得票据权利的诚信交易者。根据《票据法》自身的规定，“其他合法方式”有票据质押、贴现、委托收款等，通过这些方式取得票据的持票人是否属于“真实的交易关系和债权债务关系”的诚信交易者，需要持票人举证予以证明，凡是能够证明“具有真实交易关系和债权债务关系”的，即符合《票据法》第31条保护诚信交易者的法律价值。

其次，要符合法规范要求的形式。比如，票据权利人在形式上要占有票据，或者通过背书转让持有票据，或者通过贴现占有票据。如果不占有票据，从形式上就排除了当事人之间的票据关系。票据回购与票据清单交易就是典型的例子，可以清楚地观察到占有票据在区分法律关系性质上的重要性。票据回购是当事人以融资为目的，通过订立票据回购合同，约定将票据交付出资人占有以融出资金，用资人承诺债务到期后回购票据以清偿债务。票据回购关系中，出资人占有票据不是以背书方式，而是以合同方式，具有真实交易关系和债权债务关系，属于《票据法》第31条规定的“其他合法方式”，出资人因此享有票据权利，在用资人不履行回购义务时，出资人可以通过行使票据权利保护自身利益。票据清单交易指“商业银行之间就票据订立转贴现或者回购协议，附以票据清单，或者将票据封包作为质押，双方约定按照票据清单中列明的基本信息进行票据转贴现或者回购，但往往并不进行票据交付和背书”①。此种法律关系中也有出资人、用资人，但出资人

① 《九民会议纪要》(法〔2019〕254号)第103条。

不占有票据,不符合享有票据权利应当具有的形式,即便双方之间也有“真实交易关系和债权债务关系”,出资人也不享有票据权利。《九民会议纪要》明确提出:“票据未实际交付等相关证据,并据此主张相关金融机构之间并无转贴现的真实意思表示,抗辩出资银行不享有票据权利的,人民法院依法予以支持。”[①]《九民会议纪要》的意见充分表明了票据流通中占有的重要性,体现了票据的无因性和独立性。

最后,要符合法规范特有的要求。兜底条款规定的“其他”情形,必须符合法律规定的通用要求,比如上述取得票据权利的通用要求是占有票据,所有“其他合法方式取得票据”的票据权利人都必须符合占有票据这一要求,如果法规范自身规定了特有的要求,兜底条款规定的“其他”也必须符合该特有要求。比如《关于适用〈中华人民共和国民法典〉有关担保制度的解释》(法释〔2020〕28号)第4条规定的将担保物权登记在他人名下(未登记在债权人名下)的情形,有债券质押登记在债券受托管理人名下,委托贷款的担保物登记在受托人名下两种,同时又规定“担保人知道债权人与他人之间存在委托关系的其他情形”,债权人也享有担保物权。该条中的“其他情形”是兜底条款,必须符合该条规定的“担保人知

① 《九民会议纪要》(法〔2019〕254号)第103条。

道债权人与他人之间存在委托关系”[①]的特有条件，即债权人或者受托人要证明“担保人知道”，还要证明“债权人与他人之间存在委托关系”，才能享有“就该财产优先受偿”的权利。该条规定的特有条件是防止对担保关系进行推定，尤其当第三人（非债务人）提供财产登记在他人名下时，涉及四方当事人，主合同不涉及第三人，登记关系不涉及主合同当事人，不能据此推定四方当事人之间构成担保关系，这种情况下，需要当事人证明担保关系和委托关系的存在，债权人才能享有担保权益。

---

① 《关于适用〈中华人民共和国民法典〉有关担保制度的解释》第4条规定：“有下列情形之一，当事人将担保物权登记在他人名下，债务人不履行到期债务或者发生当事人约定的实现担保物权的情形，债权人或者其受托人主张就该财产优先受偿的，人民法院依法予以支持：（一）为债券持有人提供的担保物权登记在债券受托管理人名下；（二）为委托贷款人提供的担保物权登记在受托人名下；（三）担保人知道债权人与他人之间存在委托关系的其他情形。”

第八章　裁判的形成（三）：确定无法可依时的裁判准据

一、制定法的局限性——无法可依

制定法不能提供裁判的依据时，法官就需要从制定法外寻找、确定法律评价的标准。只要人类历史不终结，制定法就一定有局限性，裁判就一定会遭遇制定法体系内的条文荒，法官就必须诉诸制定法外的人类普遍价值。只有在无法可依的情况下进行裁判时，才需要从制定法外寻找、确定法律评价的标准，因此，要先确定何为无法可依。

（一）制定法不能提供可适用的法规范，即属于无法可依（8·1）

法律渊源之中，制定法与其他法律渊源存在显著区别，制定法呈现形式主义理性的特质，易于学习、查找、应用。无法可依的“法”，是一个确定的概念，有着确定的范围，这是法律理性确定性法则的必然要求。关于“法”的阐述在法律科学中有着丰富的内容，但在法律科学的应用中仅仅指“制定法”，“是指国家制定或认可的法，包括国内法和国际法，而不包括非国家主体创造或发展的规范体系”①，无法可依中的“法”就是“制定法”，是“国家制定或认可的法”。

在我国，“制定法”的范围包括宪法、法律、行政法规、地方性法规、自治法规、经济特区法规、特别行政区法规、国际条约与协定、法律解释②，属于法的正式渊源。除此之外，其他的法律渊源属于法的非正式渊源，包括习惯、公共政策、公共秩序、指导性案例、道德、法理、法律文献、司法观点等。党和国家的政策、国家相关部门发布的规范性文件中的意见、规定等，具备了公共政策、公共秩序性质的，也具有法律渊源上的意义。

以制定法为标准，凡是制定法不能为案件提供可适用的法规范的，即属于裁判上的无法可依。

---

① 张文显主编：《法理学》（第5版），高等教育出版社、北京大学出版社2018年版，第83页。

② 张文显主编：《法理学》（第5版），高等教育出版社、北京大学出版社2018年版，第89–90页。

（二）以扎实的法学知识和广博的胸怀防止错认无法可依（8·2）

如果法官发现经常遇到无法可依的案件，那极有可能是因为法官的法学知识匮乏或者心胸不够开阔。法律科学的主要内容是法学知识，法科生学习、训练的基础课程是对法学知识的掌握。没有牢固的法学知识，法学方法就失去了用武之地，更谈不上对法律价值的发掘。同时，法学知识的掌握受制于环境，任何一个法科知识人都不可能掌握所有的法学知识，而且法学知识还在不断地创造、发展中，因此法官还需要广博的胸怀，珍惜法庭学习机会，虚心接受自己未知的法学知识，拒绝刚愎自用。

扎实的法学知识和广博的胸怀是法官找法的坚强依靠，是防止错认无法可依的关键。法官在诉讼过程中，左手是当事人提供的如海事实，右手是立法者制定的如山法律，从事实中确定法律真实，从法律中找到妥当的法规范并确定其法律真意，方能将两者组合成三段式，准确进行法律评价。教科书虽然总结了一些找法的方法，比如争议焦点法、请求权基础法、体系法等，但都需要法学知识作后盾，方能正确分析焦点内涵、确认请求权来源、寻找应当援引的法律体系。法官运用拥有的和接受的法学知识，可以在裁判中轻易解决法律适用问题，反之，不是适用法律错误，就是感觉无法可依。

试以某金融法院裁判的一起债权转让纠纷案件[①]为例，说明法学知识在找法中的重要性。某资产管理公司于2017年将不良资产债权包，内含银行贷款形成的不良债权与4万平方米国有土地使用权，协议转让给某开发公司，债权转让协议签订前5天，政府公告征收4万平方米土地使用权中的1.6万平方米，尚未补偿，协议双方对此明知，转让协议签订当天资产管理公司即向开发公司移交了债权凭证、不动产登记凭证、政府征收公告与通知等资料，5年后开发公司以土地使用权未过户至其名下，合同目的不能实现为由，于2022年起诉要求解除债权转让协议。法院经审理后认为，该案发生之时无法可依，应当依据《民法典》第580条第2款的规定，以土地使用权部分被征收、部分未过户，构成"合同僵局"为由，裁判解除合同。分析该案，法官至少需要具备的法学知识有：关于合同成立与生效的条件与时间点、债权移转方式、不动产物权移转方式、非依法律行为的物权变动（通过征收直接移转不动产物权）、物权代物性（原物权人对征收消灭物权后产生的补偿请求权享有优先权）、合同实际履行障碍、违约方终止合同请求权等，并且，还要准确找到对应的法规范。在《民法典》生效之前，原《合同法》第44条、第110条，原《物权法》第28条对该案涉及的重要法律问题均有明确规定，如果法官能够准确把握上述

① 该案没有上传裁判文书网，此处仅分析该案在找法上的不当与失误。

所有法学知识和法规范,就能够认识到1.6万平方米的不动产物权因征收转变为债权,随同协议约定的其他不良资产债权在转让协议生效时已经移转至开发公司,不再需要办理不动产过户,剩余的2.4万平方米土地使用权登记在资产管理公司名下,不存在履行障碍,转让协议可以继续履行。如此,法官就不会认为该案无法可依,需要到未来的《民法典》中寻找法律依据。也正是因为法官错认无法可依,才会错误适用《民法典》第580条第2款,错误解除一个已经部分履行完毕、剩余部分也无履行障碍的合同。

(三)以谦抑的态度与穷尽的方法防止虚假无法可依(8·3)

经过数千年的创制和发展,人类社会拥有了数不胜数的制定法、判例法,以及卷帙浩繁的法学说,基本实现了对国家、国际、社会、法人、自然人几乎所有主体、所有领域的规范和关照,如果说法具有局限性,确实存在无法可依的情况,我们也应该认识到,无法可依只是少数,而且少数的无法可依多数是未来式的。也就是说,法律对人类既往生活的忽视导致无法可依是少之又少的,无法可依多数发生在法律颁布后的未来生活中,需要法律继续发展以适应不断出现的新情况、新问题。因此,当法官遇到一个疑难问题时,应当谦抑地躬身向法律求教,用技术与方法去发现法律预设的知识、方法与价值,而不是傲然断言：本案无法可依。谦抑是态度，穷尽是方法。关于穷尽的要求，在法律理性的确定性法则中已经阐述过，不再赘述。穷尽的方法，就是“上穷碧落下黄泉，动手动脚找东西”地发掘现行法律中有效并适当的法规范，避免错认无法可依和防止虚假无法可依损害法律价值的普遍适应性。

值得强调的是，穷尽一切发现可资适用的法律，需要站在法律体系的顶端往下看，培养体系意识和登顶意识，只有“会当凌绝顶”，才能“一览众山小”。试举以下两例加以说明。

一是在认定“折扣、佣金”的合法性问题上，要站在整个法律体系的制高点上，俯瞰国家相关制定法的预先安排，进行体系解释。首先，从《反不正当竞争法》第7条规定入手，认识到该条规定的“经营者在交易活动中，可以以明示方式向交易相对方支付折扣，或者向中间人支付佣金。经营者向交易相对方支付折扣、向中间人支付佣金的，应当如实入账。接受折扣、佣金的经营者也应当如实入账”，是认定“折扣、佣金”合法性的基础法律，其中的关键是经营者要“如实入账”，这是从经营者的角度观察；然后，结合“两高”《关于办理商业贿赂刑事案件适用法律若干问题的意见》第4条规定的“医疗机构中的医务人员，利用开处方的职务便利，以各种名义非法收受药品、医疗器械、医用卫生材料等医药产品销售方财物，为医药产品销售方谋取利益，数额较大的，依照刑法第一百六十三条的规定，以非国家工作人员受贿罪定罪处罚”，以及第5条规定的“学校及其他教育机构中的教师，利用教学活动的职务便利，以各种名义非法收受教材、教具、校服或者其他物品销售方财物……以非国家工作人员受贿罪定罪处罚”，排除“医务人员、教师”适用《反不正当竞争法》第7条，即便“医务人员、教师”能够找个单位如实入账、开发票收取“折扣、佣金”，也不具有合法性。这是从交易相对方、中间人角度观察。以上两种角度相结合观察、俯瞰国家整体法律体系，才能作出准确的解释和判断。

二是出票人或者背书人在票据上记载“不得转让”，转让该票据的法律效力，要考察整个票据法体系。《票据法》第27条规定，“出票人在汇票上记载‘不得转让’字样的，汇票不得转让”。第34条规定，“背书人在汇票上记载‘不得转让’字样，其后手再背书转让的，原背书人对后手的被背书人不承担保证责任”。《支付结算办法》（中国人民银行发布）第30条第1款规定出票人在票据上记载“不得转让”与《票据法》第27条“票据不得转让”的规定一样，但该款紧接着规定“其直接后手再背书转让的，出票人对其直接后手的被背书人不承担保证责任，对被背书人提示付款或者委托付款的票据，银行不予受理”。《支付结算办法》相当于《票据法》的实施细则，结合两者进行语义分析，才能得出以下结论：出票人记载的“不当转让”消灭了票据的付款请求权，背书人记载的“不当转让”仅仅消灭对其本人的追索权，两种“不当转让”都并不导致转让无效。

（四）通过法学方法能够解决法律适用问题的，不属于无法可依（8·4）

法官在以扎实、广博的法学知识正确找法的同时，还需要熟练运用逻辑与经验的解释方法，准确地把握每一条法规范的法律真意，明确法规范的适用对象，熟练运用法律允许的技术，扩大法规范的适用范围，具体而微地解决案件的法律适用问题。

逻辑演绎不仅能够准确把握语义确定的法规范的法律真意，正确读取法规范的法律价值，还能通过直接适用、类推适用、目的性扩张与限缩等方法，扩张法规范的适用范围，既节约制定法的篇幅，又避免无法可依。如前所述，如果法官不善于运用逻辑解释方法，就可能误将能够通过类推适用解决法律适用疑难的案件认定为无法可依。事实上，对于大多数案件来说，法官只要善于运用语义解释，不需要复杂的逻辑演绎，就可以为待决案件找到妥为适用的法律。以虚假诉讼罪为例。《刑法》第307条之一规定"以捏造的事实提起民事诉讼，妨害司法秩序或者严重侵害他人合法权益的"，构成虚假诉讼罪，其中"捏造事实"是构成犯罪的前提，对此，"两高"《关于办理虚假诉讼刑事案件适用法律若干问题的解释》（法释〔2018〕17号）第1条规定了7种"捏造事实"的情形，包括捏造夫妻共同债务、捏造债权、捏造身份等。通过“捏造事实”的语义解释,结合“两高”的经验归纳,简单运用反对解释,即可以得出确定的结论:凡是以真实事实提起民事诉讼的,不构成虚假诉讼罪。比如,某公司为了避税将土地使用权登记在员工个人名下,后提起诉讼要求个人返还土地使用权,因为土地使用权确系公司财产,虽然避税行为不合法,但公司的诉讼行为不构成虚假诉讼。[①]同样在股份代持关系中,委托人起诉要求代持人返还股份,因为有代持协议可以证明存在真实的代持事实,该诉讼行为也不构成虚假诉讼。但委托人取回代持股份要适用《公司法》关于股份转让的法律规定。

法规范的语义中存在不确定内容的,法规范中有兜底条款的,都可以通过经验归纳来补足,因此不确定概念、概括概念兜底条款等都不属于立法漏洞,不属于无法可依。法官在裁判中可以通过自身经验补足法规范语义的不确定部分,也可以通过案例研究采用其他法官的裁判经验来补足,司法解释、最高司法机关的司法观点都是补足法规范语义不确定部分的重要方法。以股权回购对赌协议为例,对赌协议在最初出现的时候,被认为是无法可依的新情况,最高人民法院(《九民会议纪要》)对此明确表态,对赌协议属于合同,依照合同法

① 该案是贵州省某县级法院审理的一起涉恶刑事案件,检察院起诉被告人的一项罪名涉及虚假诉讼,案情是被告人担任法人代表的公司曾经将一宗土地登记在员工名下,后来试图利用法院的审判活动收回土地,并免交税费。法院最后裁判被告虚假诉讼罪名不成立。

处理，这就从原则上解决了对赌协议的法律适用问题。鉴于对赌协议作为合同的一种，既不违法，也不违反公序良俗，无论是股东之间对赌，还是股东与目标公司（投资入股的公司）对赌，对赌协议效力的判断只需要依据合同法，但对赌协议的履行涉及公司法，要服从公司法的强制性规定，比如公司回购股份、减资等强制性规定。对赌协议的效力和履行分开适用相应的法律，都属于有法可依。其中，对赌协议中约定的股权回购的“合理期限”，属于不确定概念，最高人民法院的司法观点主张“合理期限”是6个月，[①]即从目标公司未上市之日起的6个月内，投资方可以行使股权回购权，过期不候，6个月的“合理期限”按照除斥期间对待。

二、相对的无法可依与裁判准据

（一）法的非正式渊源或者政策、规范性文件能够提供法律评价标准的，属于相对的无法可依（8·5）

以制定法为标准认定的无法可依情形中，有一些情形可以通过法的非正式渊源解决法律适用问题，此种无法可依属于“相对的无法可依”，是通过法的非正式渊源解决裁判准据的“有法可依”。法的非正式渊源形式多样，内容广泛，虽然

① 《法答网精选问答（第九批）——公司类精选答问专题》，载《人民法院报》2024年8月29日，第7版。

“无须对非正式渊源作详尽无遗的列举”[①]，但在解决法律适用疑难和法律发展上，非正式渊源的意义重大。一方面，法的非正式渊源可以为法律编纂提供素材，是法律成文化的基础；另一方面，非正式渊源可以弥补制定法的不足，为法官提供制定法外的裁判准据，解决无法可依时的法律适用问题。

政策和规范性文件中的确定性意见与规定，具有公共政策或者公共秩序性质，具备公序良俗法律价值的，这些意见和规定也可以为法官在裁判中进行法律评价提供清晰、可靠的标准。此种情形下的无法可依，也是相对的无法可依。如果政策和规范性文件中的意见与规定的内容清晰、指向明确，法官从制定法外寻找裁判的准据，优先参考的就是这种意见与规定。

（二）政策中的确定性意见，具备公共政策性质的，可以成为裁判的准据（8·6）

国家机关、政党组织正式发布的规划、目标、原则、任务和具体措施等，只要长期稳定且符合人民利益，即具备公共政策性质，其中的确定性意见可以成为裁判的准据。法官在判决中叙述政策的内容，但不直接引用政策进行裁判，而是通过先认定该政策意见构成公序良俗的一部分，以公序良俗作为

① ［美］E.博登海默：《法理学：法律哲学与法律方法》，邓正来译，中国政法大学出版社2004年版，第430页。

裁判依据。

试以破产中的两个问题为例。一是20世纪90年代中期开始的国有企业改制中，部分国有企业通过破产程序退出市场，企业破产后的职工安置费（企业所在城市年平均工资的3倍）与土地使用权抵押所担保的债权之间的优先受偿顺序问题，当时仅适用于全民所有制工业企业的《企业破产法》（试行）（1986年颁布）未作规定，原《民法通则》等其他相关法律中也未涉及该问题，处于无法可依的局面，国务院《关于在若干城市试行国有企业兼并破产和职工再就业有关问题的补充通知》（国发〔1997〕10号）第五部分提出明确意见，"破产企业以土地使用权为抵押物的，其转让所得也应首先用于安置职工"。该意见在当时法律法规没有规定的情况下，长期、稳定、有效地解决了职工安置问题，具备公共政策的性质，被法院在处理国有企业破产案件中引为准据。该政策因改革年代的需要而出台，也因改革的深化而退出，2006年新的《企业破产法》颁布后，该政策中的上述意见不再发挥作用，不动产抵押权人享有了别除权。

二是个人破产的问题。现行的《企业破产法》颁布于2006年，仅适用于企业法人，个人破产不在调整范围之内，个人能否破产，怎样破产，均属于无法可依。2024年7月18日《中共中央关于进一步全面深化改革、推进中国式现代化的决定》明确提出，"健全企业破产机制，探索建立个人破产制度，推进企业注销配套改革,完善企业退出制度”。按照该政策的明确要求,法院受理个人破产申请并在审理个人破产案件的过程中探索个人破产的制度,符合大政方针,符合公共政策的要求。虽然该决定没有提供具体的制度与规范,不能为法院审理个人破产案件提供具体裁判准据,但为法院受理个人破产案件提供了依据。

(三)管理性质的规范性文件中的确定性规定,具备公共秩序性质的,可以成为裁判的准据(8·7)

行政规章(指国务院各部委发布的行政管理性文件)、实施办法、暂行规定、管理办法、准则(非经国务院批准、仅由主管单位发布的,经国务院批准发布的通则、准则,属于行政法规性质)、规则、指导意见等,具有制定法的形式主义的、理性的特征,具有在特定范围内,对特定对象、特点行为的规范、调整功能。这些管理性质的规范性文件虽然不能直接作为裁判依据,但只要其中的规定内容确定,有利于形成或者维护公共秩序,即可作为公序良俗的一部分,成为裁判的制定法外的法律评价准据。

上述管理性的规范、意见等能否成为裁判的准据,关键在于它们能否形成或维护公共秩序,成为公序良俗的一部分,稳定性、长期性、有益性是其考察标准,只要规范、意见中的内容长期不变,且有利于维护国家、社会、个体的利益,就能够成为裁判的准据，法官就能够以此为价值标准开展法律评价。举例来说，对外担保的概念与类型，原《担保法》、原《物权法》以及《民法典》未作规定，中国人民银行发布的《境内机构对外担保管理办法》第2条作了详细描述，规定了5种对外担保的类型，并且在第12条规定“经外汇局批准后，担保人方能提供对外担保”。该管理办法虽然不是制定法，不能作为裁判依据，但其发布于1996年，迄今为止长期、稳定地形成了我国对外担保的公共秩序，也有利于维护国家、金融机构与企业的利益，完全具备公序良俗的性质。如果《境内机构对外担保管理办法》中列举的对外担保行为未经批准，法官可以通过对照上述管理办法的相关内容，以未经批准的对外担保违反公共秩序为依据，裁判担保行为无效。

在法律评价的过程中，虽然规范性文件的内容可以成为裁判的准据，但是法官不能在裁判主文中直接引用，而是要先论证这些规范性文件的内容是否具有公序良俗的性质，再以公序良俗作为裁判的依据。这是法律适用的基本逻辑要求。为方便裁判，司法解释可以将此类规范内容在解释中重述，便于法官引用。比如原《关于适用〈中华人民共和国担保法〉若干问题的解释》第6条就是对上述《境内机构对外担保管理办法》第2条、第12条的重述，法官可以直接在裁判中引用该条司法解释，减少赘述。

(四)法的非正式渊源中的法理通说,包括示范法和比较法上的通说,可以提供法律评价标准的,属于相对的无法可依(8·8)

法理作为法的非正式渊源,本非各国通行,大陆法系国家因其抽象化、概念化、类型化的法律思维传统,更加注重法理,英美法系国家因其经验主义法律思维传统,更加注重习惯。如前所述,我国的法理学中把法理作为法的非正式渊源,但未见于法律规定。有些国家通过法律规定承认法理具有法律渊源的地位,我国是通过法的一般理论承认法理属于法的非正式渊源,两者存在区别。制定法承认法理的法律渊源地位,法官在裁判中遇到无法可依时,有义务主动寻找法理,适用法理;法的一般理论认为法理属于法的非正式渊源,法官仅在当事人提出法理主张时,参考法理进行裁判,因此,法官拒绝采用法理并不鲜见。由于法理具有法的非正式渊源的地位,如果法官拒绝采用法理,则有义务阐明理由。

法理作为法的非正式渊源,如果运用到裁判中,必须具备“综合性、普适性”,“凝聚了法之道理、法之原理……法之价值……法之理论等”[①]。具体而言,作为裁判准据的法理,主

---

① 张文显主编:《法理学》(第5版),高等教育出版社、北京大学出版社2018年版,第91页。

要是应用法学中的法理，表现为解决某一具体法律问题的通说，有针对性和普遍适应性，普适于同一类型的法律争端。比如，物权中的物上代位权、所有权人抵押权、抵押登记顺位保留、通谋虚伪意思表示等，都属于合同法、物权法理论中的通说，能够提供确定的法理规则，可以有效解决法律疑难问题，成为裁判的准据。从法律发展来看，应用法学中的法理通说是尚未载入制定法的“预备法规范”，上升为法律只是时间问题。比如，上述列举的法理通说都被后来的法律、司法解释所采纳，成为法的正式渊源。物上代位权，见于《民法典》第700条；所有权人抵押权，见于原《关于适用〈中华人民共和国担保法〉若干问题的解释》(法释〔2000〕44号)第77条；抵押登记顺位保留，见于《关于适用〈中华人民共和国民法典〉有关担保制度的解释》(法释〔2020〕28号)第16条第2款；通谋虚伪意思表示，见于《民法典》第146条。

法理可以存在于法学教科书中，也可以存在于比较法或者国际示范法中，呈现为公认的规则，因此比较法、示范法同时也具有法理上的意义，或者是法理的一种类型。举例来说，国际商会的示范法具有较高的国际公认度，可视为国际性、规范性的法理，比如《跟单信用证统一惯例》《见索即付保函统一规则》等，在本国制定法没有规定时，法官可以在裁判中采用或者根据当事人的选择采用此类示范法。示范法属于法的非正式渊源，需要解释、甄别后适用，出于便捷法律适用的目的,法律或者司法解释可以明文采用示范法,示范法即成为法的正式渊源。比如《关于审理信用证纠纷案件若干问题的规定》(法释〔2005〕13号)采用了《跟单信用证统一惯例》,《关于审理独立保函纠纷案件若干问题的规定》(法释〔2016〕24号,经法释〔2020〕18号修正)采用了《见索即付保函统一规则》。

比较法作为法理的一种表现形式,法官在无法可依时参考比较法,需要考察比较法是否符合法理的“综合性、普适性”的要求,能否反映法的原理、价值和理论。由于法律是主权者的命令,涉及一国国情、社情、民情,法官参考比较法进行裁判存在较多限制。一般来说,公法在比较法上不被他国采用是通例,私法也受到“普适性”和“公共秩序”的限制,并且,法官参考比较法是为了更好地实现正义,正义观也是对法官参考比较法的限制,比如,刻意减损当事人权利而参考比较法是不正义的,前文提及的英美法“深石规则”就不能作为比较法被参考。从比较法的实践来看,合同法以其尊重意思自治的理性传统和合同法规则在语义表达上的通用性,是最能为他国法官所借鉴的。以合同联立为例。我国制定法未对合同联立作系统性规定,合同联立关系主要见于融资租赁合同关系中的买卖合同与租赁合同(《民法典》第754条第1项)、商品房买卖合同关系中的房屋买卖合同与担保贷款合同[《关于审理商品房买卖合同纠纷案件适用法律若干问题的解释》(法释〔2003〕7号,经法释〔2020〕17号修正)第20条]。关于合同联立中的抗辩，由于法律没有规定，法官可以参考比较法上的“普适性”观点，比如德国债法关于“联合合同中的抗辩”的规定。德国债法现代化法要求，“只有在继续履行已告失败之时，消费者才能拒绝偿还消费借贷”①，参考该要求，当商品房购房人虽未解除房屋买卖合同但商品房已经“烂尾”时，也可“拒绝偿还消费借贷”，因为商品房买卖合同“继续履行已告失败”。

（五）最高人民法院指导性案例、司法观点中的裁判思路和意见，可以提供法律评价标准的，属于相对的无法可依（8·9）

最高人民法院的司法观点，比如前面多次引用的《九民会议纪要》和指导性案例，都不能直接作为裁判依据，虽然也有教科书把指导性案例视作法的正式渊源②，但最高人民法院明确指出指导性案例只能在裁判中参考适用[《关于案例指导工作的规定》(法发〔2010〕51号)第7条]。指导性案例具有裁判习惯法效力，司法观点具有司法政策性质，两者传达的具体、明确的裁判意见，都可以成为法律评价的准据。

指导性案例之所以具有指导作用，是因为指导性案例的

---

① 《德国债法现代化法》，邵建东等译，中国政法大学出版社2002年版，第68页。

② 张文显主编：《法理学》(第5版)，高等教育出版社、北京大学出版社2018年版，第91页。

裁判思路和形成的裁判规则是法院裁判同类案件的共识，具有判例意义上的指导地位，可以从习惯法的高度予以看待。指导性案例也好，先例、判例也好，无论在大陆法系还是在英美法系都具有“习惯”的本质，在英美法系，“先例只不过是一种被证明了的或有效的习惯”①；在大陆法系，“裁判是产生习惯法的主要途径……经由法院裁判形成的习惯法，通过文字记载代代相传，就是裁判习惯法”②，“认定存在习惯法与否，关键并不仅仅是它的实践，而是要看它是否具备了‘必要的确信’，即人们是否普遍认为它是正确的”③。裁判产生习惯法是因为其中存在“必要的确信”，指导性案例无疑具备这样的“确信”，可以为法官在无法可依时提供裁判准据。指导性案例中的裁判意见是确定的、指向明确的，方便法官直接参考。比如，最高人民法院指导性案例221号“张某勋诉宜宾恒某投资集团有限公司、四川省宜宾市吴某建材工业有限责任公司垄断纠纷案”（2023年12月15日发布），弥补了横向垄断的类型，明确指出“横向垄断协议违法的，任何人不得因违法行为获益，参与横向垄断协议的经营者应当向受损害人承担损害

---

① ［美］E.博登海默：《法理学：法律哲学与法律方法》，邓正来译，中国政法大学出版社2004年版，第452页。

② 曹士兵：《最高人民法院裁判、司法解释的法律地位》，载《中国法学》2006年第3期。

③ ［德］卡尔·拉伦茨：《德国民法通论》，王晓晔等译，法律出版社2003年版，第16–17页。

赔偿责任”。

最高人民法院的司法观点虽然不是司法解释，但其出台也经过了完备的征求意见和讨论、甄别程序，代表了最高人民法院在某一审判领域的司法政策，具备公序良俗的性质，可以为法官在无法可依时提供裁判的准据。与指导性案例不同，司法观点不一定都是具体、确定的意见，只有其中确定性的意见才有参考意义，需要具体分析。比如，《九民会议纪要》是最高人民法院针对具体案件如何审理发表的意见，意见与案件一一对应，每一条意见都可以成为法官裁判的准据；《关于优化法治环境　促进民营经济发展壮大的指导意见》（法发〔2023〕15号）是综合性、宣示性的司法政策，意见虽然具有针对性、指导性，但不涉及具体案件的事实和处理，因此不能直接被法官参考适用。

指导性案例和司法观点以习惯法和司法政策的性质成为法的非正式渊源，与法理一样，法官在裁判时可以参照适用，当然也可以拒绝采用，法官拒绝采用指导性案例、司法观点的，有义务阐明理由。

三、绝对无法可依与解决方案

（一）绝对的无法可依是现有法律渊源面对未来已来时呈现的局限性（8·10）

在法制健全的大背景下，绝对的无法可依属于非常态的、仅在少数情况下才会出现的情况。上文从防止错认、错判无法可依和相对的无法可依两方面进行的分析，是为了尽可能让裁判在法的正式渊源和非正式渊源的轨道上寻找到确定的准据，尽可能提高裁判的确定性。我们应该承认，绝对的无法可依反映了现有法律渊源的局限性，主要是立法时不能预见或者难以预见的未来情况的降临，导致制定法不能适应时代发展的需要。当然，绝对的无法可依也可能因为立法机构在立法时考虑不周，本该立法调整而未调整，但这种情况较为罕见，因为法律的全球化推动“法律开始跨越国家的疆界，在世界范围传播、流动”①，联合国的示范法也有助于各国提高立法水平，“他山之石足以攻玉”，当代各国立法相互借鉴足以消除绝大多数的立法不周。至于法律错误则更不属于无法可依，需要等待立法机构予以调整，法官不能在法律错误时，以无法可依为借口自创法律。比如，前文提及的关于夫妻共同债务认定的问题，最高人民法院司法解释规定了较为苛刻的条件，②后被《民法典》第1064条废止。在废止之前，人民法院按照司法解释规定的条件处理了大量涉及夫妻共同债务的案件。

制定法颁布后出现的新情况致使制定法无法对其进行调

① 高鸿钧：《全球视野的比较法与法律文化》，清华大学出版社2015年版，第4页。

② 原《关于适用〈中华人民共和国婚姻法〉若干问题的解释（二）》（法释〔2003〕19号）第24条。

整，此种无法可依一般有两种情形，一是制定法调整的对象范围未能涵盖的新情况，二是制定法不能预测的新情况。前者是制定法有规定但仅适用于立法当时存在的法律现象，后者完全是新生事物，制定法无任何法规范可以适用。

第一种情形可以数据权益质押为例。在信息化、数字化的时代，以数据形式存在的财产越来越具有可观的价值，可以买卖、投资、贷款、质押等，逐渐形成独立的数据权益或者数据权利。当事人以数据权益（权利）出质的，原《担保法》、原《物权法》以及《民法典》关于质押的相关规定中未予包含，属于无法可依，但上述法律均规定了质权一章，视出质行为的不同（以数据作为动产出质或者以数据权利出质），数据权益（权利）质押可以适用动产质权的规定，也可以适用权利质权的规定。一方面法律要扩张其调整范围，以适应数据权利出质的需要；另一方面当事人必须按照现行法律的强制性规定调整出质行为，以符合物权法定以及物权公示公信的要求，避免损害善意第三人的合法利益。

第二种情形以胚胎为例。民法调整对象包括物、权利和行为，胚胎显然不在民法既有的调整范围之内，因此胚胎单独成为民事法律关系的标的，属于新生事物。在审理涉及胚胎的案件时，法官没有现成的法律可以适用，只能将胚胎作为包含人类生命的特殊标的，按照法律关系所涉及的利益进行区分后，以最符合良法善治的法律目标，作出妥当的裁判。到目前为止，制定法还没有关于胚胎作为法律关系客体的法规范，从长远来看，新科技蓬勃发展中产生的新生事物，尤其是人工智能、基因技术等，都将带来越来越多的法律挑战，法学研究必须与时俱进，创新发展，法律创制必须因应变化，加大法律供给，让裁判有法可依，让法律科学在新时代呈现新面貌。

法的非正式渊源可以为法官提供法律评价的标准，但必须要有确定的内容，比如那些提出了具体方案的政策，有政策，但没有具体方案，不能成为裁判的准据。以数据产权的确权为例。2022年12月19日，国家发布《关于构建数据基础制度更好发挥数据要素作用的意见》（又称“数据二十条”），提出并设计了数据产权的数据资源持有权、数据加工使用权、数据产品经营权的制度性架构，明确了数据的财富属性，但该意见未对数据产权的取得提出明确的方案，数据产权是原始取得还是继受取得尚不清楚，产权主体的确认自始存在争议，数据占有、加工、经营都存在权利基础不牢的问题。因此，“数据二十条”作为国家政策，虽然具备法的非正式渊源的地位，但还不能为数据产权的确权提供裁判准据。因此，数据产权的确权纠纷案件目前还属于无法可依，需要法官进行自由裁量。

（二）运用法律论证寻找、确定绝对无法可依时的法律评价标准（8·11）

法律论证是寻找、确定制定法外法律评价标准的重要程序，如前所述，与有法可依情况下的法官合议不同，法律论证是在无法可依情况下，缺乏法知识、法方法、法价值作为支撑的“合议”，这样的“合议”要遵循法律论证程序的要求，坚持开放的正义观，“将所有从制定法之中或者制定法之外领域获得的对问题的正当解决有意义的观点都纳入考量”，以达到“形成共识”的目标。[①]按照本书第5章的总结、归纳，狭义的法律论证专指无法可依时寻找、确定法律评价标准的特别程序，从技术到理念都不同于有法可依时的“合议”。法律论证程序能够引导法官最大限度地照顾到所有与本案有关的价值与利益，展开价值、利益的碰撞，努力实现价值、利益的融合，帮助法官获取客观、妥当的法律评价标准。

在法律理性各项应用法则中，价值法则居于终极地位，法官在遇到绝对无法可依，进行法律论证时，应当熟练运用价值法则。“二战”后，价值取向的法律哲学得到迅速的复兴，“法律的作用在于保护人的尊严、自由、个人生活与社会生活中的价值”[②]的观念逐步成为主流，庞德对法律秩序所应保护的利益划分为“个人利益”“公共利益”“社会利益”，所有这些利益都是个人的、组织的、社会的价值取向。如果将法律所保护的各类价值用一个词来统称，用得最多的就是“善”（good）或

① ［德］菲韦格：《论题学与法学》，法律出版社2012年版。转引自［德］卡尔·拉伦茨：《法学方法论》（第6版），黄家镇译，商务印书馆2020年版，第192页。

② ［美］E.博登海默：《法理学：法律哲学与法律方法》，邓正来译，中国政法大学出版社2004年版，第211页。

者“共同善”（common good）。伦理学上“善的本质就是满足要求”[①]，又是人的“内在要求，即理想的实现”[②]，法律科学的目标是实现“使天下皆出于治，合于善”[③]，创制与实施理性的制定法，是“为了指导行为，或是为了整合以公共善为目的的行动，或是为了寻求正义，或是为了授权强制”[④]，实现良法善治。已有的制定法所要保护的人类所珍视的各类价值，多数都记载在具体法规范中，即便是无法可依，法官也可以按照法律科学的目标要求，仿照制定法中已有的成熟的法律价值取向，寻找到符合“善”的法律评价标准，以“善”的裁判弥补制定法的不足。

以“善”统称的法律价值，无论是较为客观的平等、自由、安全、秩序、福利，还是比较主观的快乐、幸福、正义，不仅都需要在个案中解释适用，即根据个案事实进行针对性的诠释，而且任何一个价值都不具备压倒性的优势，也需要根据个案应当保护的首选对象进行合目的性的选择。然而，即便如此，宏观上平起平坐的各类价值体现在微观案件中仍然有优后次序，值得探索、研究，合理运用。

---

① ［美］E.博登海默：《法理学：法律哲学与法律方法》，邓正来译，中国政法大学出版社2004年版，第154页。

② ［日］西田几多郎：《善的研究》，何倩译，商务印书馆1965年版，第125页。

③ 瞿同祖：《中国法律与中国社会》，中华书局2003年版，第336页。

④ ［英］哈特：《法律的概念》（第3版），许家馨、李冠宜译，法律出版社2018年版，第23页。

（三）消极自由作为纯粹个体利益领域的法律评价标准（8·12）

法律保护个体的自由以“他没有侵犯其他任何人所享有的相同的自由为条件”，正义与自由的关系是“一个人的意志能够按照普遍的自由法则同另一个人的意志结合起来”[①]，因此，以自由为最高价值标准来进行法律评价，指的是“消极自由”，即个体，无论是自然人还是法人或者社会组织，在满足自己的要求、实现自己的理想的同时，不侵害其他任何人的自由。显然，这种情形只能发生在纯粹个体利益领域。

适用于纯粹个体利益领域的“消极自由”价值观，不侵害其他任何人的自由，意味着该个体自由的影响力不外溢，即与他人无关，保护这样的自由只需要社会给予更大尺度的宽容，而不需要为其“买单”，比如，纯粹个体领域的意思自治。举例来说，个体与他人订立冻卵合同、人工授精合同、培植和维护胚胎合同，都只涉及个体的意思自治，属于消极自由性质，法官在无法可依时应当尊重这种消极自由，维护合同的效力。个体意思自治不能侵害其他任何人的自由，也不能违背公序良俗，因此“恶俗”的合同，比如性交易合同，不能得到保护。代孕在不影响社会公益并且越来越符合人口政策的条件下，

---

① ［美］E.博登海默：《法理学：法律哲学与法律方法》，邓正来译，中国政法大学出版社2004年版，第264–265页。

将越来越淡化其“背俗”的颜色，获得更多的宽容，而安乐死的消极自由是否危及人类生命伦理的争论，还将持续下去，需要慎重对待。

（四）社会共同福利作为社会共同体利益领域的法律评价标准（8·13）

个体的消极自由如果发生外溢，影响到社会共同体的正当利益，社会共同福利的价值将占上风，因为“赋予人的自由、平等和安全应当在最大程度上与共同福利相一致”[①]。社会共同福利符合社会共同体成员的总体利益，因此在价值对比上高于个体自由，毕竟个体也从中获益。

社会共同福利高于个体自由，必须保证该共同福利是确定无疑的，是被公认有益于社会共同体成员的，比如药物的开发。梁上上《利益衡量论》中的*Moore v. Regents of the University of California*一案，就很好地说明了公认的社会共同福利如何高于个体的自由。Moore在治疗疾病中被切除的组织、细胞具有重要的研究价值，医院利用这些细胞建立细胞系进行医学研究与利用，获益巨大，Moore起诉医院构成侵占，要求赔偿。加利福尼亚高等法院驳回Moore的诉讼请求，因为“如果判决Moore胜诉，将破坏从事医学研究的经济激励机

① ［美］E.博登海默：《法理学：法律哲学与法律方法》，邓正来译，中国政法大学出版社2004年版，第325页。

制”，而这样的研究活动“对社会非常重要”[①]。

相反的例子是贺某奎基因编辑技术。贺某奎声称运用基因编辑技术，对双胞胎女孩在胚胎阶段进行基因编辑，让这对双胞胎女孩获得对艾滋病病毒的天然免疫。学术界对此并未形成共识，反而认为该基因编辑技术可能无效且有害，并且未告知双胞胎的父母，侵害了父母的知情权。法院最终裁判贺某奎等人的行为不具有合法性，并承担相应的刑事责任。[②]

（五）社会秩序作为社会治理领域的法律评价标准（8·14）

维护正常的社会秩序是法律的重要功能之一，因为，“如果没有一个安定的环境让人们放心地享受其合法利益，人类一切的活动都失去了最起码的条件”[③]。在社会治理领域，无论个体的自由还是社会共同体的福利，都必须服从维护社会秩序的需要，失去了享受合法权益的安定环境和起码条件，个体就失去了自由，共同体就失去了福利。与此同时，还要认识到，法的目标是实现良法善治，以良善的法律制度和符合“善”的法律价值维护社会秩序的目的，是“通过社会控制的

---

① 梁上上：《利益衡量论》（第3版），北京大学出版社2021年版，第189–190页。

② 《“基因编辑婴儿”案一审宣判》，载人民网，http://legal.people.com.cn/n1/2019/1231/c42510-31529254.html。

③ 张文显主编：《法理学》（第5版），高等教育出版社、北京大学出版社2018年版，第326页。

方式而不断扩大对人的需求、需要和欲望进行承认和满足；对社会利益进行日益广泛和有效的保护；更彻底和更有效地杜绝浪费并防止人们在享受生活时发生冲突"①。个体利益、共同体利益与维护社会秩序的需要相辅相成，两种价值观和谐共生，不分轩轾。

个体利益、共同体利益与维护社会秩序的共生关系，决定了两者互为表里，相互约束，维护社会秩序为个体利益、共同体利益提供安定的环境，也约束个体利益、共同体利益不发生冲突，不冲击社会安定，个体利益、共同体利益服从维护社会秩序的需要，也为维护社会秩序的社会控制设置了"以人为本"的边界，确保社会控制以权利为本位。个体、共同体既能享受权益又能防止冲突的关键在于清晰的权利边界，定分方能止争，维护社会秩序，创造安定环境，需要及时化解矛盾纠纷，而化解矛盾纠纷的关键也在于划分权利边界，因此，维护社会秩序与保护个体、共同体利益的共同目标是群己界分，确定权利边界。只有确定了清晰的权利来源、内容、效力，才能既维护个体、共同体利益，又维护社会秩序。

仍以数据确权为例。"数据二十条"提出的四项数据基础制度，分别是数据产权制度、流通交易制度、收益分配制度、安全治理制度，其中数据产权制度是根本。从权利发生、使

---

① ［美］罗斯科·庞德：《通过法律的社会控制》，沈宗灵译，商务印书馆2010年版，第47页。

用、收益逻辑链条看，先有数据权利边界，后有数据权利确权，之后才是数据权利的流通、收益、治理，因此，数据产权制度的核心是数据权利界分，“数据二十条”提出的数据资源持有权、数据加工使用权、数据产品经营权，都必须以数据权利界分为先导。数据权利界分清楚，个体利益、共同体利益的数据权利边界清晰，维护社会秩序、和解矛盾纠纷、保护数据权利就有了公认的标准。在制定法缺席，仅有政策倡导，社会先行先试的现有条件下，为数据权利划分边界是首要任务，应当以法律科学关于法律权利理论为引导，在全面摸查所有主体的所有数据资源、数据产品、数据使用情况的基础上，提出切实可行的数据权利分类与边界方案，为数据权利的确认、流通、收益、治理等夯实根基。笔者认为，数据权利界分刻不容缓，要杜绝边界不清就抢登记、抢确权，建议以政府、企业、个人为主体，以公共数据、企业数据、个人数据为标的，划分数据资源与数据产品，区分数据资源的登记与数据产品的确权。数据资源登记后，数据权利主体有占有权，无所有权，不能拒绝其他主体合理使用（可以付费）；数据产品确权后，数据权利主体有所有权，无独占权，不能拒绝其他主体合理使用（可以付费）。

（六）公共安全作为国家治理领域的法律评价标准（8·15）

安全，与自由、共同福利、秩序一样，具有法律评价标准的作用，在国家治理领域，安全“有助于使人们享有诸如生命、财产、自由和平等等其他价值的状况稳定化并尽可能地持续下去”①，这与维护社会秩序的价值取向相同。与此同时，安全在国家治理领域还有着特殊的价值，即防范公害、国家风险、个人与家庭变故等，这些被称为公共安全价值的实现，有赖于国家力量的有效介入，在国家治理领域具有优先地位。当然，公共安全的价值取向仍在于“使人们享有诸如生命、财产、自由和平等等其他价值”，“安全价值的实现，本身受到既对个人有益又对社会有益这个条件的限制”②，以人为本，仍然是实现公共安全和维护个体利益、社会共同体利益的共同目标。

在科学技术迅猛发展的时代，新的公共安全问题层出不穷，比如数据安全、人工智能安全、生物技术安全等，制定法对此无法预见，这些新的公共安全问题引发的纠纷，法官面临无法可依成为常态。以数据跨境流动为例。在信息时代，数据既是财产，可以产品化，为企业带来收益，又构成国家的整体数据资源，涉及国家风险，因此，数据跨境流动既是必要的，又是受限的，需要在国家层面通盘考虑。关于数据跨境流动，现行制定法尚无相应规定，企业经营形成的数据资源涉及国

① ［美］E.博登海默：《法理学：法律哲学与法律方法》，邓正来译，中国政法大学出版社2004年版，第317页。

② ［美］E.博登海默：《法理学：法律哲学与法律方法》，邓正来译，中国政法大学出版社2004年版，第320页。

家风险，比如金融风险、国土安全，不能由企业自由决定是否跨境流动。如果形成纠纷，法官在处理企业数据跨境流动时，则应当以公共安全为法律评价标准，意思自治要让位于公共安全。

后　记

《裁判的形成》是我在最高人民法院从事审判工作和给法官讲授同名课程过程中总结的心得与体会。入职浙江大学法学院后，借给本科生讲授案例分析课的契机得以成书。

本书是按照法律科学的构成与应用的逻辑撰写的，法律科学的部分是我对法学的再认识，由于认识法律科学必须先认识现代科学，所以书中对现代科学的认识也进行了必要的梳理。认识法律科学的旨趣，对我来说是为了应用法律科学，所以本书对法律科学内容的梳理始终围绕法律科学的应用，主要是应用于裁判，因此，书中理论部分的阐述一直围绕办案。本书自认是工具书，标题用陈述句，写作紧凑，篇幅较小，在出版社的支持下版式也精悍，希望便于阅读，或者便于法官参酌。我在书中一再强调裁判的确定性与可检验性，体会和心得不一定都对，也希望在实践中被同行和读者检验。

“一个能够用理性作解释的世界，不管有什么欠缺、毛病，仍然是人们熟悉的世界。”（加缪语）无论是立法还是奉法，我都以理性为准绳。理性是知识、方法、价值的，是具体的，是可应用与可检验的，对理性的检验来自人类不断砥砺的崇高伦理追求，以此可防止理性自负。这是我写在本书中的所有内容一致的价值追求，在后记中再次重复，方便读者批评指正。

2024年10月12日